乡村振兴之乡村人才培育教材

现代"新农人"实用法律

◎ 王 晶 章祖民 林 钗 主编

中国农业科学技术出版社

图书在版编目（CIP）数据

现代"新农人"实用法律 / 王晶，章祖民，林钗主编. --北京：中国农业科学技术出版社，2024.6
　　ISBN 978-7-5116-6850-9

　　Ⅰ.①现… Ⅱ.①王…②章…③林… Ⅲ.①法律-基本知识-中国 Ⅳ.①D920.4

中国国家版本馆 CIP 数据核字（2024）第 109913 号

责任编辑	马维玲
责任校对	李向荣
责任印制	姜义伟　王思文

出 版 者	中国农业科学技术出版社 北京市中关村南大街 12 号　邮编：100081
电　　话	（010）82109194（编辑室）　（010）82106624（发行部） （010）82106624（读者服务部）
网　　址	https://castp.caas.cn
经 销 者	各地新华书店
印 刷 者	中煤（北京）印务有限公司
开　　本	148 mm×210 mm　1/32
印　　张	7.75
字　　数	223 千字
版　　次	2024 年 6 月第 1 版　2024 年 6 月第 1 次印刷
定　　价	73.00 元

◀━━ 版权所有·翻印必究 ━━▶

《现代"新农人"实用法律》编委会

主　　　编：王　晶　章祖民　林　钗
副　主　编（排名不分先后）：
　　　　　　王雪霞　李　瑶　陈勇海　郭晓敏
　　　　　　余涤非　杨海英　赵剑波　张苏艺
　　　　　　徐春光　潘青仙　关　群　张　帆
　　　　　　袁　月　宋莹莹　梁如洁　陈青松
　　　　　　吕建林　祝朝祥　周思铿　金惠芳
　　　　　　李根生　石新法　李泽楠　丁　强
　　　　　　丁红星　张　潮　陈志东　李　尚
其他编者：　王伟娜　王志宇　李可可　李　娜
　　　　　　刘儵然　张琪律　来华杰　林　桢
　　　　　　赵怡萍　许媛媛　孙丽芬　王明伟

主编简介

王晶，女，硕士研究生，台州科技职业学院讲师、三级律师，台州市金融与保险法专委会委员、台州市中级人民法院调解员。主编《幼儿教师职业道德与政策法规》《新媒体运营》2本新形态教材，主持并完成8项市厅级以上课题，发表论文10余篇，办理各类金融借款合同、婚姻家庭、民间借贷等民商事纠纷案件上千件，累计担任10家以上公司法律顾问，有着丰富的法律实务经验。

章祖民，男，新昌县农业农村局推广研究员（高级经济师、会计师、高级职业培训师），浙江省第一批省级乡村振兴实践指导师、浙江省科学技术厅专家库专家、浙江省农业商贸职业学院特聘授课专家、中国法学会会员。长期扎根基层从事科学技术推广、乡村人才培育工作，并擅长农村法律法规、农产品市场营销的研究和教学。主持编写《天姥乡味》《天姥茶人》《点亮乡村·越州农创故事》《农家乐经营与管理》等乡村人才培育教材，在全国性报纸杂志发表专业论文10多篇。实干、创新、担当，引领新昌的农民教育培训工作走在全国前列并领跑全省，新昌经验和模式屡次在全省及全国作典型交流和推介。先后获得全国最美农广人先进人物、全国优秀基层农广校校长、中华农业科教基金会神内基金农技推广奖、中国技术市场协会第四届三农科技服务金桥奖个人二等奖等全国性荣誉；浙江省农技推广贡献奖、浙江省农技推广先进工作者、浙江省职业教育先进工作者等省级荣誉；在担任新昌县农业农村信息化中心（浙江省农广校新昌县分校）主任（校长）期间，先后获得绍兴市共产党员先锋岗、绍兴市劳动模范集体、新昌县经济社会发展标兵等单位荣誉。

林钗，女，2008年6月毕业于浙江大学，硕士研究生，高级农艺师，现任浙江省乡村振兴促进中心（浙江省农业广播电视学校）人才版块负责人。从事农民教育培训10多年，具有非常丰富的工作经验，多次受到农业农村部农民科技教育培训中心、中央农业广播电视学校的肯定和表扬。主持或参与相关课题研究7项，主持或参与制定专利6项、标准4项，主编或参编农民教育培训教材11部，在省级及以上刊物正式发表论文7篇。被中国农民研修学院聘为专家咨询委员会特聘专家，被浙江农艺师学院聘为创业导师。

前　言

随着乡村振兴战略的深入实施，共同富裕目标的不断推进以及和美乡村建设的全面展开，中国农村正经历着前所未有的变革。在这一伟大进程中，乡村振兴人才作为推动农业现代化、农村繁荣与农民幸福的重要力量，其角色愈发显得重要。他们不仅是农业生产的主力军，更是乡村文化的传播者、乡村治理的参与者、乡村经济的创造者。

2024年浙江省委在"新春第一会"上提出要加强"三支队伍"建设，未来若干年要培养一大批现代"新农人"，为乡村振兴、为建设中国式现代化和实现共同富裕服务。为了帮助现代"新农人"更好地适应这一变革，掌握必要的法律知识，维护自身合法权益，助力农业现代化的加速实现，我们适时编写了《现代"新农人"实用法律》一书，作为全省乃至全国"新农人"培育培训配套教材。本书紧密结合当下时事热点，聚焦"新农人"在日常生产、经营、生活中常见的法律难题，涵盖土地承包、农业经营主体、农产品质量安全、农业知识产权、农村金融、农业保险、农村电商、民事法律等核心领域，为"新农人"提供一本权威法律知识的指南。同时，书中还设置了法谚法语、对点案例、小贴士、法律文本等专栏，使读者在真实的案例、真实的场景、真实的体验中学习和思考，以便提高可读性、增强启发性、强化实用性。

本书酝酿多年，几易其稿，在编写过程中，得到了台州科技职业学院及台州市、宁波市、绍兴市、金华市等相关农业农村部门和单位领导、专家、老师及朋友的大力支持与帮助；中央农业广播电视学校、浙江省乡村振兴促进中心有关专家精心指导编写工作并亲自参与编写；浙江新昌澄潭茶厂等经营主体也对本书的适用性问题提出了宝贵意见，在此一并表示感谢！特别感谢台州科技职业学院邱士明书记对本书编写工作给予的鼓励和支持！同时，我们也参阅和引用了许多法律界同人的研究成果，在此表示衷心的感谢。

由于时间仓促和水平有限，书中难免存在不足之处，恳请广大读者批评和指正。

编　者

2024 年 6 月

缩　略　语

《民法典》——《中华人民共和国民法典》
《刑法》——《中华人民共和国刑法》
《农村土地承包法》——《中华人民共和国农村土地承包法》
《土地管理法》——《中华人民共和国土地管理法》
《合伙企业法》——《中华人民共和国合伙企业法》
《农民专业合作社法》——《中华人民共和国农民专业合作社法》
《公司法》——《中华人民共和国公司法》
《农产品质量安全法》——《中华人民共和国农产品质量安全法》
《消费者权益保护法》——《中华人民共和国消费者权益保护法》
《商标法》——《中华人民共和国商标法》
《电子商务法》——《中华人民共和国电子商务法》
《网络安全法》——《中华人民共和国网络安全法》
《劳动争议调解仲裁法》——《中华人民共和国劳动争议调解仲裁法》
《民事诉讼法》——《中华人民共和国民事诉讼法》
《食品安全法》——《中华人民共和国食品安全法》
《土壤污染防治法》——《中华人民共和国土壤污染防治法》
《固体废物污染环境防治法》——《中华人民共和国固体废物污染环境防治法》

《商业银行法》——《中华人民共和国商业银行法》
《社会保险法》——《中华人民共和国社会保险法》
《社会信托法》——《中华人民共和国信托法》
《农村土地承包经营纠纷调解仲裁法》——《中华人民共和国农村土地承包经营纠纷调解仲裁法》
《人民调解法》——《中华人民共和国人民调解法》
《民事诉讼法》——《中华人民共和国民事诉讼法》

目 录

第一章　法的基本理论 …………………………………… (1)
　　第一节　法的概念和特征 ……………………………… (1)
　　第二节　法的形式 ……………………………………… (3)
　　第三节　法律关系 ……………………………………… (8)
　　第四节　法律责任 ……………………………………… (11)
第二章　农村土地法律制度 ……………………………… (13)
　　第一节　集体土地所有权 ……………………………… (13)
　　第二节　宅基地使用权 ………………………………… (17)
　　第三节　土地承包经营权 ……………………………… (23)
　　第四节　地役权 ………………………………………… (30)
第三章　农村经营主体法律制度 ………………………… (36)
　　第一节　个体工商户 …………………………………… (37)
　　第二节　合伙企业 ……………………………………… (39)
　　第三节　有限责任公司 ………………………………… (41)
　　第四节　农民专业合作社 ……………………………… (47)
第四章　涉农合同法律制度 ……………………………… (53)
　　第一节　合同的订立 …………………………………… (53)
　　第二节　合同的效力 …………………………………… (57)
　　第三节　合同的履行 …………………………………… (64)
　　第四节　合同责任 ……………………………………… (67)
　　第五节　常见涉农合同 ………………………………… (74)

第五章　涉农金融法律制度 （88）
第一节　商业贷款 （88）
第二节　农业保险 （92）
第三节　金融租赁 （97）

第六章　涉农实用经济法律制度 （104）
第一节　农产品质量安全法 （104）
第二节　电子商务法 （117）
第三节　消费者权益保护法 （120）
第四节　商标法 （133）

第七章　涉农刑事法律制度 （145）
第一节　刑法的基本理论 （145）
第二节　犯罪与刑罚 （151）
第三节　农村常见犯罪 （170）

第八章　法律纠纷的解决途径 （199）
第一节　人民调解 （199）
第二节　农村土地承包经营纠纷调解仲裁 （205）
第三节　商事仲裁 （212）
第四节　民事诉讼 （216）

附件　《民法典》解读 （225）
第一节　《民法典》的诞生与意义 （225）
第二节　《民法典》的框架结构与组成 （225）
第三节　《民法典》重大变化 （226）

参考文献 （236）

第一章 法的基本理论

【法谚法语】

"法,国之权衡也,时之准绳也。"
——唐代 吴兢

在全面推进依法治国和全面建成小康社会、实施乡村振兴战略、推动中国特色农业现代化的历史进程中,农业与农村的法治建设发挥着极为重要的作用。农业与农村法治建设是国家法治建设的重要组成部分,是完善农村社会主义市场经济体制的客观要求,是强化农业基础地位的重要法律支撑,是社会主义新农村建设的根本保障。

第一节 法的概念和特征

一、法的概念

据我国第一部字书《说文解字》记载,法的古体字是"灋",灋由氵、廌、去三部分组成。"廌"又称"解豸"(xiè zhì),是中国古代神话传说中的神兽,体形大者如牛,小者如羊,类似麒麟,全身长着浓密黝黑的毛,双目明亮有神,额上通常长一角。当人们发生冲突或纠纷时,"廌"能用角指向无理的人,明辨是非曲直。

"灋",从水、从廌、从去,水代表了公平,廌代表了正直,去代表了惩处,正如东汉许慎所著《说文解字》对"灋"字的解释:"灋,刑也,平之如水故从水。""廌,触不直者去之,故从去"。"灋"字后来被简化,被赋予公平与正义的属性,代表的平之若水,惩恶扬善的"水"和"去"仍予以保留,构成了"法"字不可或缺的组成部分。

古代汉语中,法和律二字,有同义但也有区别,封建社会各个朝代的刑典一般都称为"律"。据载,秦汉时期,商鞅已将"法""律"二字合为"法律"一词。20世纪初随着西方文化广泛传入中国,现代意义上的"法律"一词才真正确立。

我们现在通常所称法律是指广义的"法律",是指具有立法权的国家机关依照法定程序,制定和颁布的规范性文件,包括基本法律、地方性法规、行政规章等。狭义的法律,仅指全国人民代表大会及其常务委员会所制定的法律,例如民法典、刑法等。

二、法的特征

凡是规定人们可以做什么或不可以做什么的规则都称为社会规范,我们所熟知的社会规范有道德规范、村规民约、宗教教义、传统风俗等。但法属于特殊的社会规范,它具有区别于其他规范的特点:

(一) 法是由国家制定或认可的社会规范

我国绝大多数的法律是国家机关通过立法活动创制的新规则。国家认可的法律是指国家的立法机关,对已经存在的道德规范、交易习惯等加以确认并赋予法律效力而成为法律规范。例如,尊老敬老是中华民族的传统美德,《民法典》中认可了"敬老爱幼",明确规定成年子女对父母有赡养扶助的义务,"成年子女不履行赡养义务的,缺乏劳动能力或者生活困难的父母,有要求成年子女给付赡养费的权利"。同时,婚姻家庭编中又明确提出家庭应当树立优良家风,弘扬家庭美德,重视家庭文明建设。

（二）法是通过规定人们的权利、义务来实现其调整功能

法是通过规定人们的权利和义务实现其调节社会关系的目的。权利通俗地讲就是一种"自由"，表现为法律允许我们可以不受阻碍地做什么或不做什么或者享有某些利益、服务的自由；义务即一种"负担"或者约束，表现为我们应该做什么或不做什么。法律上的权利和义务必须明确和具体，而宗教教义、道德规范等，内容比较笼统，一般仅规定义务而无权利。

（三）法是由国家强制力保证实施的社会规范

法以国家强制力保障实施的，体现为法对于各种违反法律规范、与法律相抵触的行为，国家以民事、行政、刑事等各种方式予以制裁，依法采取强制性措施，以理顺被阻碍的社会关系，维护正常社会秩序。例如，对民事违法行为的制裁包括返还财产、赔偿损失、赔礼道歉、恢复原状等；对行政违法的制裁，如警告、罚款以及行政拘留等；对刑事违法行为的制裁包括判处拘役、有期徒刑、无期徒刑等。

第二节 法的形式

【法谚法语】

> "以规矩为方圆则成，以尺寸量长短则得，以法教治民则安。"
>
> ——春秋时代 管子

【案例导入】

李想在一家农产品公司上班，在一次公司例会上，针对最近公

司员工纪律涣散情况，公司总经理要求李想草拟一份公司规章进行讨论。李想连夜赶出了一份题为《浙江土里土气农产品有限公司纪律奖惩管理办法（草案）》放到总经理面前，总经理一看，脸立马沉了下来，不客气地让李想回去重写。

【思考】请问李想错在哪里？为什么？

一、法的渊源

法的渊源又称法的来源和出处，是指法的外在表现形式。法是一种抽象的规范，它是通过正式或者不正式的方式来表达，正式的表达称之为法的正式渊源，不正式的表达称之为非正式渊源。在当代中国，法的表现形式主要以正式渊源为主，表现为以宪法、法律为代表的成文法，不正式渊源主要表现为最高人民法院指导案例等。本节内容重点介绍法的正式渊源。

（一）宪法

宪法是国家的根本大法，是具有最高法律效力的法。宪法规定了国家的基本原则、基本制度、公民基本权利和基本义务等社会生活中最重要、最基本问题。它是国家所有法律的依据和基础，任何法律都不得与宪法规定的内容或原则相抵触。宪法的制定和修改要经过全国人民代表大会依据特定程序进行。

（二）法律

法律是仅次于宪法的主要法源。它是由全国人民代表大会和全国人民代表大会常务委员会，依照法定程序制定和颁布的规范性文件。法律中的调整国家和社会生活中带有普遍性社会关系的基本法律，又称之为基本法，如民法、刑法、行政法等，其是由全国人民代表大会制定。法律中调整国家和社会生活中某种具体社会关系或者某一方面内容的非基本法律，又称之为特别法，如《乡村振兴促进法》《土地管理法》《种子法》等，由全国人民代表大会常务委员会制定。

（三）行政法规

行政法规是国家最高行政机关国务院，根据宪法和法律制定的规范性文件。其法律地位和法律效力仅次于宪法和法律，但高于地方性法规，在中国法的渊源体系中具有承上启下的作用。例如国务院制定的《保障农民工工资支付条例》。

（四）行政规章

行政规章分为国务院部门规章和地方政府规章。国务院部门规章，是指国务院各部、委员会、中国人民银行、审计署和具有行政管理直属机构，在本部门权限范围内执行法律或者国务院行政法规、命令的规范性文件。例如农业农村部2021年制定的《农村土地经营权流转管理办法》。地方政府规章，是指省、自治区、直辖市和设区的市、自治州的人民政府，为执行法律、行政法规、地方性法规的规定以及处理属于本行政区域的具体行政管理事务而制定的规范性法律文件。

（五）地方性法规

按照宪法和法律的规定，各省、自治区、直辖市人民代表大会和人民政府可以依照法律规定，在自己的职权范围内制定适合本地区实际情况的规范性文件，但不得与宪法、法律、行政法规相抵触，并报全国人民代表大会常务委员会备案。例如浙江省人大常务委员会制定的《浙江省旅游条例》。

（六）国际条约

国际条约是我国同外国缔结的双边或多边条约、协定。国际条约对我国国内的组织和个人也具有约束力，因此也是法的渊源。例如我国于2001年加入世界贸易组织（WTO），签订了《世界贸易组织协定》，我国作为世贸组织的成员国被马拉喀什协议和所有多边贸易协定所约束。

法的形式

法的表现形式	制定机关
宪法	全国人民代表大会
法律	全国人民代表大会及其常务委员会
行政法规	国务院
地方性法规、自治条例、单行条例	省、自治区、直辖市人民代表大会及其常务委员会
部门规章	国务院各部委
地方政府规章	省级、自治区、直辖市人民政府

二、法律体系

法律体系，是指一个国家全部现行法律规范按照不同的法律部门分类组合而形成的有机联系的统一整体。我国是以宪法为核心，以涵盖宪法及宪法相关法、民法、商法、行政法、经济法、社会法、刑法、诉讼与非诉讼程序法等七个法律部门的法律为主干，由法律、行政法规、地方性法规等三个层次法律规范构成的中国特色社会主义法律体系。

(一) 宪法及宪法相关法

宪法是中国特色社会主义法律体系中处于"金字塔"顶端位置，具有统领作用，是国家的根本法，是国家长治久安、民族团结、经济发展、社会进步的根本保障。宪法相关法是与宪法相配套、直接保障宪法实施和国家政权运作等方面的法律规范，包括《全国人民代表大会组织法》《选举法》《国旗法》等。

(二) 刑法

刑法是规定犯罪与刑罚的法律规范。刑法通过规范国家的刑罚权，惩罚犯罪，保护人民，维护社会秩序和公共安全，保障国家安全。刑法主要包括刑法典、刑法修正案等。

(三) 民商法

民法是调整平等主体的自然人、法人和非法人组织之间的人身关系和财产关系的法律规范，遵循民事主体地位平等、意思自治、公平、诚实信用、公序良俗等基本原则。商法调整商事主体之间的商事关系，遵循强化商事组织、维护交易公平、促进交易迅捷等原则。我国的民商法主要囊括了一部完整的民法典和公司法、合伙企业法、个人独资企业法、破产法等。

(四) 经济法

经济法是对社会经济关系进行整体、系统、全面、综合调整的法律部门。它调整的主要是以经济规律和经济现实为依据而确立的具有经济内容的手段。主要包括《中国人民银行法》《商业银行法》《企业所得税法》《反不正当竞争法》《消费者权益保护法》《产品质量法》等。

(五) 行政法

行政法是规定国家各方面行政管理事务的法律部门，主要调整行政机关与行政相对人之间因行政管理活动而发生的关系。行政法主要涵盖了行政处罚法、行政复议法、行政许可法、行政强制法等，与公民的日常出行息息相关，例如开车闯红灯要面临罚款和扣分，处罚的法律依据是行政处罚法的相关规定。

(六) 社会法

社会法乃是解决社会问题的法，是调整社会保障、社会服务和特殊人群权益的法律规范。社会法领域的各个具体法律部门，在解决民生福利问题上居于举足轻重的地位。促进就业法、劳动合同法等法律制度，从根本上有效地保障劳动者的劳动权，保障劳动就业关系的和谐运行；社会保障法等法律制度，保障社会成员在贫困、老年、疾病、丧失劳动能力等情况下，基本生活条件能够得到基本保障。除此之外，公共卫生保障、住房保障等方面的问题也都是社会法所要规范和解决的重要问题。

(七) 诉讼法与非诉讼法

诉讼法与非诉讼法是调整因诉讼和非诉讼活动而产生的社会规范的总和，属于程序法。主要包括《民事诉讼法》《刑事诉讼法》《行政诉讼法》和《仲裁法》等方面的法律。

第三节 法律关系

【法谚法语】

> "法律就像旅行一样，必须为明天做准备。它必须具备成长的原则。"
>
> ——（美）卡多左

法律关系是法学的基本概念之一，它是指根据法律规定，在特定主体之间形成的具有权利和义务内容的关系。法律关系是法律调整社会关系的结果，是法律规范在具体社会生活中的体现。

一、法律关系的概念

法律关系是指根据法律规定，在特定主体之间形成的具有权利和义务内容的关系。它是一种社会关系，但并非所有社会关系都是法律关系。只有当社会关系受到法律规范的调整时，才能形成法律关系。法律关系是法律对社会生活的调整和规范，是法律规范在具体社会生活中的体现。

二、法律关系的构成要素

法律关系由法律关系主体、法律关系内容（权利义务）和法律关系客体三个要素构成。

1. 法律关系主体

法律关系的主体是指参与法律关系的各方当事人。主体可以是自然人、法人或其他组织。在农业法律关系的主体通常包括农民、农业企业、合作社、政府机构等。例如，农民与地方政府之间的土地承包关系，或者农民与农业企业之间的劳动合同关系。

2. 法律关系客体

法律关系的客体是指法律关系所指向的对象。客体可以是物、行为、精神产品、人身利益等。在农业法律关系的客体可以是土地、农作物、农机具等。如农民对自己承包的土地拥有使用权，这是土地承包法律关系的客体。

3. 法律关系内容

法律关系的内容是指主体在法律关系中所享有的权利和承担的义务。权利和义务是法律关系的实质内容，是法律关系的核心所在。如在农产品买卖合同中，卖方享有要求买方支付价款的权利，买方有权要求卖方按时交付农产品的权利。

【对点案例】

> 张大爷是一位农民，他与村委会签订了一份土地承包合同，获得了一块耕地的使用权。这份合同规定了他可以使用这块地进行耕种，并有权获得自己劳动所得的收成（权利），同时他也要按时交纳一定的租金给村集体，并负责土地的可持续利用（义务）。这里的主体是张大爷和村委会，客体是那块耕地，内容是张大爷和村委会的权利和义务。

三、法律关系的分类

根据不同的标准，法律关系可以分为以下几类：

根据法律关系的性质，可以分为公法关系和私法关系。公法关系是指国家机关与公民、法人或其他组织之间的法律关系，如农民与政府之间的税收法律关系；私法关系是指平等主体之间的法律关系，如农民之间的土地借用关系等。

根据法律关系的产生方式，可以分为原始法律关系和派生法律关系。原始法律关系是指直接根据法律规定产生的法律关系，如农户根据土地使用权制度获得的土地使用权；派生法律关系是指在原始法律关系基础上产生的法律关系，如基于土地承包经营权的转让合同产生的新承包关系等。

根据法律关系的效力范围，可以分为一般法律关系和特殊法律关系。一般法律关系如所有农户普遍适用的种子购销合同；特殊法律关系如针对特定地区的有机农产品认证关系。

四、法律关系的特征

1. 法定性

法律关系是根据法律规定产生的，其主体、客体和内容都受到法律规范的约束。没有法律规定，就没有法律关系。

2. 权利义务性

法律关系的实质内容是主体之间的权利和义务。法律关系的存在意味着主体之间相互享有权利和承担义务。

3. 相对性

法律关系具有相对性，即法律关系只对参与该关系的特定主体产生效力。除非法律另有规定，否则法律关系不对第三人产生效力。

4. 可变更性

法律关系在一定条件下可以发生变更。当法律规定的条件得到满足时，法律关系的主体、客体或内容可能发生变化，从而导致法律关系的变更。

5. 可解除性

在某些情况下,法律关系可以根据法律规定或当事人的意愿解除。例如,合同关系可以根据合同约定或法律规定解除,婚姻关系可以根据离婚程序解除等。

第四节　法律责任

一、法律责任的概念

法律责任是指因违反了法定义务或契约义务,或不当行使法律权利、权力所产生的,由行为人承担的不利后果。其具有法定性和强制性的特征,是由法律明确规定的违法行为人承担的不利后果,由专门国家机关予以追究。

二、法律责任的构成要件

法律责任的构成要件通常包括责任主体、违法或违约行为、主观过错、损害结果和因果关系五个方面:

(1) 责任主体。法律责任主体指的是具有法定责任能力,可以承担法律责任的自然人、法人或其他组织。

(2) 存在违法行为。责任主体实施了违反法律规定或者合同约定的行为。

(3) 主观存在过错。通常指责任主体在实施违法行为时的主观态度,包括故意和过失。故意是行为人明知自己的行为会发生不良后果,却希望或者放任其发生。过失是指行为人明知自己的行为会发生不良后果没有预见,或者已经预见而轻信不会发生或者能够避免。但在某些情况下,即使没有主观过错,也可能需要承担法律责任,这称为无过错责任。

(4) 损害结果。违法行为造成的具体的负面后果,如财产损失、身体伤害、精神损失等。

（5）违法行为与损害事实之间存在因果关系。违法行为与损害事实有因果关系是指二者之间的必然联系，即某一损害事实是由行为人的某一行为引起的，二者存在因果关系。

三、法律责任的分类

以违法行为违反的法律的性质分类可分为民事责任、刑事责任、行政责任。

1. 民事责任

民事责任是指由于违反民事法律、违约或者由于民法规定所应承担的一种法律责任。民事责任的具体承担方式包括：停止侵害、排除妨碍、消除危险、返还财产、恢复原状、修理、重作、更换、赔偿损失、支付违约金、消除影响、恢复名誉、赔礼道歉等。

2. 刑事责任

刑事责任是指行为人因其犯罪行为所必须承受的，由司法机关代表国家所确定的否定性法律后果。包括主刑和附加刑。其中，主刑包括管制、拘役、有期徒刑、无期徒刑、死刑。附加刑包括罚金、剥夺政治权利、没收财产、驱逐出境。

3. 行政责任

行政责任是指因违反行政法规定或因行政法规定而应承担的法律责任。分为行政处分、行政处罚两种。其中行政处分包括警告、记过、记大过、降级、撤职、开除。行政处罚包括警告、罚款、没收违法所得、没收非法财物、责令停产停业、暂扣或吊销许可证、暂扣或者吊销执照、行政拘留；法律、行政法规规定的其他行政处罚。

第二章　农村土地法律制度

【法谚法语】

"农，天下之本，务莫大焉。"
——《史记·孝文本纪》

"国以民为本，民以食为天，食以土为根。"土地是从事农业生产的最基础性资料，是农民的生存之本，农村土地制度改革直接影响着亿万农民的切身权益。党的十八大以来，党中央对深化农村土地制度改革作出了一系列重大决策部署，坚持把依法维护农民权益作为出发点和落脚点，始终把保障农民权益置于改革的核心地位，尊重民心民意和农民首创精神。

第一节　集体土地所有权

【案例导入】

林某系某村村民，2015—2021年，林某经村委会同意开始使用该村一处闲置土地。2015年林某在该地上自建北屋三间，在该房东边建两处猪舍、鸡舍进行养猪养鸡，2017年后改为种树、种菜。猪舍、鸡舍一直未拆，但是停用废弃了。2021年5月，土地管理部门发现情况后向林某下发责令停止违法行为通知书，并对林某及家人进行约谈,要求林某返还所占1.1亩(1亩≈667平方米,全书同)土地,并自行清理完毕地上附属物和青苗。

【思考】林某的行为是否违法?

《宪法》第十条规定:"城市的土地属于国家所有。农村和城市郊区的土地,除由法律规定属于国家所有的以外,属于集体所有;宅基地和自留地、自留山,也属于集体所有"。

一、集体土地所有权概念与特征

集体土地所有权属于所有权的一种形式,是指集体组织成员在一定地域范围对其土地所享有的占有、使用、收益、处分的权利。按照《民法典》相关规定,集体土地所有权性质应该是集体成员的所有权,集体土地所有权。具有如下特征。

(一)主体具有社区性特征

我国《民法典》第二百六十一条规定农民集体所有的不动产和动产,属于本集体成员集体所有。即集体土地是归属于该集体组织全部成员所有的,对于该集体所有土地处理事项由全体成员按照一定的程序决策,土地集体所有权的主体只能是按一定地域范围界定的社区,即村、村民小组或乡镇;土地集体所有权主体的成员是不特定人,通常是以户籍为标准加以认定。

(二)客体为国有土地之外的其他土地

根据《土地管理法》的规定,农村和城市郊区的土地,除由法律规定属于国家所有的以外,属于农民集体所有,宅基地、自留地、自留山也属于农民集体所有。农民集体所有的土地可以分为农用地、建设用地和未利用地。农用地是指直接用于农业生产的用地,包括耕地、林地、草地、农田水利用地、养殖水面用地等;建设用地是指建造建筑物、构筑物的土地,主要包括乡(镇)村企业用地、工矿用地、乡村公益事业用地和公用设施用地、旅游用地及农村宅基地。

（三）农村集体土地依法实行用益物权

根据《民法典》《土地管理法》《农村土地承包法》等的规定，农民集体所有和国家所有由农民集体使用的耕地、林地、草地以及其他用于农业的土地，依法实行土地承包经营制度；对于集体建设用地以及村民宅基地，依法实行建设用地使用权制度。也就是说农村土地的所有权归全体集体组织成员所有，在使用权领域实行的是用益物权制度，是一种所有权权能分离的制度，即实行了农村集体土地所有权、农户承包权和土地经营权的"三权"分置。

二、土地集体所有权的种类

农村土地集体所有权主要包括集体所有的土地和森林、山岭、草原、荒地、滩涂。根据所有者主体的不同，分为农村集体所有土地、村民小组所有土地、乡（镇）农民集体所有土地。土地归属于集体组织成员共同所有，集体土地的所有权行使由集体按照法律规定进行决策：

（1）属于村民集体所有的，由村集体经济组织或者村民委员会依法代表集体行使所有权；

（2）分别属于村内两个以上农民集体所有的，由村内各集体经济组织或者村民小组依法代表集体行使所有权；

（3）属于乡镇农民集体所有的，由乡镇集体经济组织代表集体行使所有权。

农民集体成员对农民集体所有的土地应当依照法定程序经本集体成员决定以下事项：

（1）土地承包方案以及将土地发包给本集体以外的组织或者个人承包；

（2）个别土地承包经营权人之间承包地的调整；

（3）土地补偿费等费用的使用、分配办法；

（4）集体出资的企业的所有权变动等事项；

(5) 法律规定的其他事项。

三、集体土地所有权的内容

(一) 集体土地所有权的具体权能

集体组织依照法律、行政法规的规定对集体所有的土地享有占有、使用、收益和处分的权利。

1. 占有

所谓占有是集体组织对于其所有的土地实际上的占领、控制。占有是一种事实状态。所有人可以自己占有标的物，也可交给他人予以占有。

2. 使用

所谓使用是集体组织依照土地的性质和用途，在不毁损土地或变更其性质而加以利用。使用权能一般由所有权人自己行使，也可以由非所有权人行使。

3. 收益

所谓收益是集体土地所产生的利益，具体而言是收取土地的孳息。分为法定孳息和自然孳息。前者指依法律关系取得的利益，如租金等；后者指果实、动物的生产物以及其他依物的自然规律和性能收取的利益。收益权能一般由所有人行使，但在天然孳息范畴内，既有所有权人又有用益物权人的，由用益物权人取得该天然孳息。

4. 处分

所谓处分是决定财产事实上和法律上命运的权能，即对土地依法进行处置的行为。处分分为事实上的处分和法律上的处分。前者是在生产或生活中使土地的物质形态发生变更或消灭，如将林地开发成耕地，那么林地就是基于事实的处分而消失了；后者指改变集体土地法律上的命运，即改变标的物之权利归属状态。法律上的处分包括：将标的物为他人设定用益物权（包括地上权、经营承包权等）、将标的物为他人设定担保物权（包括抵押权、质权)。

第二节　宅基地使用权

【案例导入】

陈某和胡某育有一子小陈，小陈与张氏结为夫妻。后小陈向其所在地乡镇申请了一间宅基地，宅基地申请书上将陈某和胡某作为共有人。小陈和张氏出资盖好了房子，后来张氏与胡某有矛盾，小陈和张氏擅自去乡镇将建好的房屋登记在两个人名下。陈某和胡某发现后去法院起诉要求确认该房屋宅基地使用权为共同共有。

【思考】陈某和胡某的请求能否得到法院的支持？

一、宅基地使用权

(一) 宅基地使用权的概念

宅基地使用权是指农村村民依法对集体所有的土地享有占有和使用的权利，有权依法利用该土地建造住宅及其附属设施。宅基地使用权是一种用益物权，此项权利主要在于解决农民的基本居住问题。

(二) 宅基地使用权的特征

1. 权利主体的特定性

宅基地使用权的权利人具有特定性和限定性，只能是农村居民为了建设房屋需要才可以申请取得宅基地使用权，成为宅基地使用权的权利人。在实践操作中，往往以户为单位取得宅基地使用权。

2. 权利客体的特定性

《民法典》第三百六十二条规定，宅基地使用权人依法对集体所有的土地享有占有和使用的权利。也就是说宅基地的客体只能是集体所有的土地。国有土地上就是不得设立宅基地使用权。

3. 目的的特定性

宅基地使用权的目的具有特定性，即只能用来给农村村民建造住宅及其附属设施。住宅就是村民居住的房屋，附属设施是指村民使用的车库、猪圈、羊棚、牛棚等。

4. "一户一宅"原则

宅基地的取得坚持"一户一宅"原则。《土地管理法》第六十二条规定："农村村民一户只能拥有一处宅基地，其宅基地的面积不得超过省、自治区、直辖市规定的标准。"对村民"一户"认定，实践中原则是根据公安部门管理的户籍来认定。如果在户口本上登记的是一家人，那么该户口本所登记的家庭就是一户，一户只能申请一处宅基地。但具有以下情形的，可独立作为特殊村民"户"对待：

（1）已婚且已分家单独居住生活的；

（2）未婚但年龄已满二十周岁且已单独居住生活的；

（3）依法继承宅基上房屋所有权的未成年人；

（4）通过司法仲裁依法取得的，可按照司法文件登记。

5. 权利取得的无偿性

宅基地是村里最基本的居住保障，作为集体经济组织成员应当无偿取得。只要是具有集体经济组织成员的身份，就要确保其有其居。

二、宅基地的取得和流转

（一）宅基地使用权的取得

按照《民法典》和《土地管理法》的规定，宅基地使用权的取得表现为一种以身份为基础的无偿分配过程。《民法典》第三百六十三条规定："宅基地使用权的取得、行使和转让，适用土地管理的法律和国家有关规定。"也就是说宅基地使用权的取得主要依据《土地管理法》相关规定及政策的要求。

宅基地使用权的取得需遵循以下规则：

1. 须经过法定的程序

宅基地使用申请人须为宅基地所在集体经济组织成员；申请人首先须向村集体经济组织提出用地申请，经集体经济组织同意后，报乡镇人民政府审核，最后由县级人民政府审批。

2. 应确有因建造住宅而用地的必要

依据《土地管理法》的规定，农村村民一户只能拥有一处宅基地，村民出卖、出租住房后，不得再批准宅基地。

3. 应当符合乡镇土地总体利用规划

保护好耕地，尽量使用原有的宅基地和村内空闲地。宅基地的面积按照各省、自治区、直辖市规定的标准执行。

4. 进城落户的村民不当然退还宅基地

国家允许进城落户的农村村民依法自愿有偿退出宅基地，鼓励农村集体经济组织及其成员盘活利用闲置宅基地和闲置住宅。

(二) 宅基地使用权的共有

宅基地使用权是以户为单位申请的。因此，其审批设立宅基地使用权的时候会有共有人，共有人对宅基地使用权的享有适用共有制度，是一种共同共有的法律关系。

宅基地使用权共有的特征：

（1）共有关系存续期间，是一种不分份额的共有，也就是说每户村民对宅基地使用权混为一体的共有，只有在共有关系终止时，共有财产分割后，才能确定各共有人的份额。

（2）宅基地使用权共有关系是以数人之间存在共同关系为基础，如夫妻关系、家庭关系等。

（3）各共有人对宅基地使用权享有平等的权利、承担平等的义务。各共有人对宅基地使用权享有共同使用、占有、收益的权利。

宅基地使用权是一种基于家庭关系的共有财产，任何家庭成员不得随意处分属于家庭所有的共同财产。只有在分家析产时，家庭成员可要求对共有财产进行分割。共有人可以协商确定分割方式。达不成协议，共有的不动产或者动产可以分割且不会因分割减损价值的，应当对实物予以分割；难以分割或者因分割会减损价值的，应当对折价或者拍卖、变卖取得的价款予以分割。在实践中宅基地使用权的分家析产均是按照价值等额分割。取得宅基地方需返还另一方等额分割的价值。

（三）宅基地使用权的流转

宅基地是农村村民安身立命之所，对村民来说至关重要。为了保障村民有宅可居，《民法典》《土地管理法》均限制宅基地使用权的流转。继承是宅基地流转的常见方式，宅基地使用权随着宅基地上房屋所有权转移而转移。但继承中宅基地使用权的流转也有一定的限制。

（1）受让宅基地使用权的人只能是本集体经济组织的成员，如果要流转给本集体经济组织以外的人员，则双方之间签订的流转合同是无效的，受让人无法取得宅基地使用权。

（2）农村村民一户只能拥有一处宅基地。农村村民转让宅基地以后再申请宅基地的，不予批准。

（3）受让方的宅基地面积不得超过省、自治区、直辖市规定的标准，否则不得受让。

对于所继承的房屋及宅基地使用权的继承问题，实践中通常分情况处理，如果继承人是本集体经济组织成员，符合宅基地申请条件的，可以经批准后取得被继承房屋及其宅基地；如果不符合申请条件，则可以将房屋卖给本村其他符合申请条件的公民，如果不愿出售，可自行居住，但该房屋不得翻建、改建、扩建，待处于不可居住状态时，宅基地由集体经济组织收回。继承人如果是城市居民，比照上述不符合宅基地申请条件的情形处理，也就是说，按照法律规定的地随房走的原则，城市居民可以基于房屋所有权而继承使用宅基地，但不得进行翻建、改建、扩建。

【对点案例】

> 2020年，江苏省南京市江宁区某村的村民张某，因急需资金，将其拥有的一处宅基地以20万元的价格转卖给了本村以外的李某。双方签订了书面协议，约定李某支付20万元购买张某的宅基地，并承诺在两年内完成房屋建设。然而，在房屋建设过程中，李某因资金问题未能按时完成建设，导致双方产生纠纷。
>
> 本案中，张某将宅基地转卖给本村以外的李某，违反了《土地管理法》和《城市房地产管理法》的相关规定，转给本村经济组织以外的人员，双方签订的宅基地转让协议无效。

三、宅基地使用权的消灭

宅基地使用权的消灭除了因自然灾害原因灭失时，还包括以下几种情况：

（1）宅基地使用权人不按照批准的用途使用土地，宅基地使用权被依法收回。按照宅基地使用权的目的，宅基地使用权人只能基于宅基地上建造住宅及其附属设施，而不得建造其他建筑，比如盖厂房等。否则集体经济组织作为土地所有权人有权收回宅基地，从而使宅基地消灭。

（2）长期闲置宅基地。宅基地使用权长期闲置的，土地所有权人有权收回，由此，使宅基地使用权消灭，特别是宅基地使用权人有意长期闲置宅基地时，作为土地使用权人的集体经济组织，可以将宅基地立即收回。

（3）宅基地使用权因被征收而消灭。即因公共利益的需要，由政府对宅基地进行征收，宅基地使用权随标的物的消失而消灭。

（4）宅基地使用权人不复存在，其占有使用宅基地的农户，家庭成员全部死亡或举家迁移城镇等原因而不复存在，宅基地使用权因无主体而归于消灭。

已经登记的宅基地使用权转让或者消灭的，应当及时办理变更登记或者注销登记。如果出卖宅基地的房屋而导致宅基地使用权转移时，宅基地使用权原来已经登记的，应当及时办理变更登记，否则受让人可对转让人主张自己享有宅基地使用权，但对于第三人，则无权以宅基地使用权人的身份进行抗辩。

【法律文本示例】

宅基地申请书

申请人：某某，男，××年××月××日出生，公民身份证号码：×××××××××××××××××，户籍地：×××，联系电话：×××××××××××。

申请事项：

申请农村宅基地新建住房。

事实和理由：

申请人现住的房屋，还是以前父母建的简陋瓦房，至今已近50年，虽经过多次整修，但破损处仍然较多，修修补补也难以解决漏风漏水等问题。目前居住的房屋一共五间，90多平方米，由本人和兄弟两家和父母共计三家共同居住。兄弟俩都已成家，两家共用人数已经达到14人，人均住房面积仅有5平方米左右，无法满足居住和日常生活所需。现根据《××省宅基地使用实施办法》，特申请宅基地一块，敬请村委会核实情况，审核批准为盼。

此致

××村村民委员会

申请人：

××年××月××日

第三节 土地承包经营权

【案例导入】

王某和李某系同一村村民，2003年王某与李某协商将自家的承包地与李某的承包地进行调换，2012年王某的原承包地因经济发展，价值大幅升值，于是王某找到李某要求换回土地，遭到李某的拒绝，双方因此发生纠纷。

【思考】土地承包经营权能否互换？

一、土地承包经营权

土地承包经营权是指承包农户以从事农业生产为目的，对集体所有或国家所有的由农民集体使用的土地进行占有、使用和收益的权利。《民法典》第三百三十条规定："农村集体经济组织实行家庭承包经营为基础、统分结合的双层经营体制。农民集体所有和国家所有由农民集体使用的耕地、林地、草地以及其他用于农业的土地，依法实行土地承包经营制度。"第三百三十一条规定："土地承包经营权人依法对其承包经营的耕地、林地、草地等享有占有、使用和收益的权利，有权从事种植业、林业、畜牧业等农业生产。"家庭承包经营权具有以下特征。

1. 承包经营权的主体是一切农业经营者

《民法典》及《农村土地承包法》规定，任何经济主体都可以承包土地。以家庭承包方式设立的土地承包经营权，其主体是本集体经济组织成员所组成的农户。而荒山、荒沟、荒丘、荒滩农村土地（以下简称"四荒"土地）承包经营权的主体则无限制，不仅"四荒"土地所在经济组织的成员可以作为承包人，此外的其他经济组织的成员均可作为承包人。

2. 土地承包经营权客体为集体经济组织长期使用的农用土地

土地承包经营权是一种特殊的土地使用权，它仅适用于土地，而不适用于建筑物。具体到土地的种类，土地承包经营权的客体仅限于耕地、林地、草地、农田水利用地、养殖水面和其他属于农用土地的范围。这些土地类型都是用于农业生产和经营活动的。

3. 土地承包经营权成立的目的是农业性质的耕作、养殖或畜牧

土地承包是为了促进耕地的高效利用，以种植作物、开展养殖业或畜牧业为主要目的。它严格限定了土地的用途，明确禁止将承包土地用于非农业建设，如兴建房屋等，以确保土地资源得到合理配置，维护农业生产的根本利益，并促进农业可持续发展。

4. 土地承包经营权的设立，不以支付对价为必要条件

家庭承包土地的设立并不以支付对价为必要条件。随着越来越多的农民选择进城务工，农村地区出现了大量因工作迁移而闲置的承包土地，这样的做法体现了一种无偿和公平分配的原则，使得即使农户没有交付相应的对价，也能够保有土地使用权，从而确保了土地资源的合理利用和农民的基本生活需求。

5. 土地承包经营权是有期限的物权

土地承包经营权在期限届满时归于消灭。按照现行法律的规定，土地承包经营权的期限，以土地用途的不同而不同。《民法典》第三百三十二条规定，耕地的承包期是 30 年，草地的承包期是 30~50 年，林地的承包期是 30~70 年。承包期届满，土地承包经营权人可以依照法律规定继续承包，通常只要发包人未有重大的正当理由，原承包人可以继续承包。

二、土地承包经营权的取得

按照《民法典》的规定，土地承包权的取得主要是两种方式，一种是以法律行为而取得，另一种是依法律行为以外的原因而取得。

（一）依法律行为而取得

1. 依签订的土地承包合同而取得

土地承包经营权的设立，是指土地经营者与土地所有的村集体经济组织双方通过订立土地承包经营合同的方式来创设土地承包经营权。一方当事人是农业集体经济组织，另一方是土地的所有者村集体经济组织成员。《民法典》第三百三十三条规定："土地承包经营权自土地承包经营权合同生效时设立。"双方之间的土地承包合同签订以后对双方均有约束力。《农村土地承包法》第二十五条规定："承包合同生效后，发包方不得因承办人或者负责人的变动而变更或者解除，也不得因集体经济组织的分立或者合并而变更或者解除。"

登记机构应当向土地承包经营权人发放土地承包经营权证、林权证等证书，并登记造册，确认土地承包经营权。承包人在土地承包合同生效时取得土地经营权。家庭承包的承包方是本集体经济组织的农户，农户内家庭成员依法平等享有承包土地的各项权益。

2. 依互换、受让取得土地承包权

农户经营者除了与集体经济组织签订土地承包合同创设土地承包权以外，还可以从已有土地承包权的农户手里通过互换或者受让的方式取得。

农户经营者取得土地承包权以后，对特定的土地享有的土地承包权不能随意变更，但是基于特殊的情况，按照特定的程序仍可以调整。《农村土地承包法》第二十八条规定："承包期内，发包方不得调整承包地。承包期内，因自然灾害严重毁损承包地等特殊情形对个别农户之间承包的耕地和草地需要适当调整的，必须经本集体经济组织成员的村民会议三分之二以上成员或者三分之二以上村民代表的同意，并报乡（镇）人民政府和县级人民政府农业农村、林业和草原等主管部门批准。承包合同中约定不得调整的，按照其约定。"由此可知，经营土地的调整必须既要满足特定的条件，又要满足特殊的程序后才可以调整。

为了更好地利用土地资源，现行法律允许土地经营权的互换和转让。承包方之间为方便耕种或者各自需要，可以对属于同一集体经济组织的土地承包经营权进行互换，并向发包方备案。互换必须是互换双方均认同互换方案，且仅限于同一集体经济组织的土地，同时，在程序上还需要向发包方进行备案。与此同时，土地承包经营权人可以自主决定依法采取出租、入股或者其他方式向他人流转土地经营权。

（二）依法律行为以外的原因而取得

除了法律行为取得土地承包权外，还有继受取得。《农村土地承包法》第三十二条规定："承包人应得的承包收益，依照继承法的规定继承。林地承包的承包人死亡，其继承人可以在承包期内继续承包。"由上述可知，土地承包采用家庭承包方式，其中家庭成员去世后，其家庭成员在承包期限内继续承包，继续享有土地承包权。因此，土地承包权无需继承，但是土地承包获得的收益是可以继承的。

三、土地承包经营权人的权利和义务

根据现行的法律，土地承包经营权人在取得土地经营权以后，除了与土地所有的集体经济组织的特别约定，享有如下权利，并承担如下义务。

（一）土地承包经营权人的权利

（1）对农用土地的占有、使用、收益权。土地承包经营权为权利人对于土地进行耕作养殖或畜牧的权利，其承包期限内、承包的范围内，土地承包经营权人当然对土地可以加以占有使用和收益。

（2）自主经营权。土地经营权人对土地有自主经营权，即自主组织农业生产经营活动，自主决定种植何种作物，种植面积，或者确定种植时间，不受发包人、其他组织或个人的干预。

(3) 依法对土地经营权流转的权利。土地经营权人可以通过互换、转让等方式进行流转，还可以出租、入股、抵押或者其他方式流转土地经营权。

(4) 承包地被征收之后，有权获得相应补偿的权利。国家为了公共利益的需要，可以征收土地承包经营权人的土地，但必须按照《民法典》第二百四十三条的规定，对土地承包经营权人给予合理充分的补偿。

(5) 将承包地作为供役地，设立地役权的权利。土地承包经营权人可以将自己的土地，为他人土地的方便和利益而作供役地，设立地役权于与他人。

(6) 对提高土地生产能力的投入，享有补偿的权利。承包人对其承包地上投入而提高土地生产能力的，土地承包经营权人依法流转时，有权获得相应的补偿。

(7) 对抗发包方非法行为的权利。发包人违法干涉承包人依法从事正常的生产经营活动，擅自调整承包地、擅自终止承包合同，擅自收回承包地，强迫土地承包经营权流转或将承包地收回等，承包人均有权对抗。

(8) 依法办理土地承包经营权登记的权利。目前立法土地承包经营权的设立不强制要求登记，但土地承包经营权转让，互换等方式流转时，不登记则不得对抗善意第三人。土地承包经营权人将土地承包经营权转让互换时，有请求依法办理土地承包经营权登记的权利。

（二）土地承包经营权人的义务

(1) 依约定方法和用途使用土地。土地承包经营权人需依约定使用方法和目的，使用土地的义务。换言之，土地承包经营权人不得以约定以外的方法使用土地或将土地用作约定目的范围以外的使用，违反该义务导致土地所有人损失的，所有人可以终止土地承包经营权。

(2) 依法保护和合理利用土地，维持土地的生产力的义务。

土地承包经营权人以耕作、养殖和畜牧为目的，使用土地时，应依法保护和合理利用土地，确保土地的生产力，不得对土地造成永久性的损害。违反该义务并经土地所有人阻止或通知改善而无效的，土地所有人可终止土地承包经营权。

（3）依法交回承包地的义务。承包期内承包农户进城落户的，引导支持其按照自愿有偿原则，依法在本集体经济组织内转让土地承包经营权或将承包地交回发包人。

四、土地承包经营权的消灭

（一）土地承包经营权消灭的原因

1. 土地承包经营权人自愿交回土地

按照《农村土地承包法》的规定，承包方可以自愿将承包地交回发包方，承包方自愿交回承包地的，应当以书面形式通知发包人。

2. 承包地调整

对承包地进行调整，原土地承包经营权消灭，新承包人需与土地所有集体经济组织重新签订合同。

3. 承包地灭失

承包地因为性质改变而不能再为农业目的而使用，则承包经营权消灭。

4. 承包地收回

发包人在承包期内不能收回承包地，但也存在例外，例如承包农户进城落户的，引导支持其按照自愿有偿原则，依法在本集体经济组织内转让土地承包经营权，或将承包地交回发包人，鼓励其流转土地经营权。

5. 土地承包经营权期限届满

土地承包经营权是有期限物权，期限届满消灭，如承包期届满，由土地承包经营权人按照国家有关规定继续承包，期限届满并不必然导致承包经营权的消灭，此时，土地承包经营权人可以请求续签承包合同而继续享有土地承包经营权,发包人无重大而正当的理由不得拒绝。

6. 承包地被征收

在国家及公共利益需要征收承包地时,被征收的集体土地所有权灭失,土地承包经营权由此随之消灭。

【对点案例】

> 【案情简介】王某2016年嫁到外地,一直没有迁户口,后家里承包的土地涉及拆迁,王某被告知,土地已经在其外嫁之日被收回,所以外嫁女是没有补偿的,王某很不解。那么,外嫁女在娘家姑娘出嫁以后的承包地能收回吗?
>
> 【案例分析】根据《农村土地承包法》第三十一条规定,承包期内,妇女外嫁在新居住地未取得承包土地的,发包方不得收回原承包地,妇女离婚或者丧偶,仍在原居住地生活,或者不在原居住地生活,但新居住地未取得承包土地的,发包方不得收回其原承包土地。因此,如果是村委会擅自收回外嫁女承包土地,或者是征地时,不予外嫁女相应补偿,可以及时提出异议,拿起法律武器保护自己。

(二) 土地承包经营权消灭的后果

土地承包经营权的消灭会发生下列法律后果:

(1) 土地承包经营权消灭,土地承包经营权人应将承包土地返还给土地所有人。

(2) 取回承包地上的出产物和农用构筑物,土地承包经营权消灭时,土地上的出产物,农用构筑物皆为土地承包经营权人花费劳力或者资金所配置,产权归属于土地承包权人,应该由其取回。

(3) 偿还改良费用或其他费用。土地承包经营权人,为增加土地的生产力或土地使用上的便利，而支出的改良费用或其他费用的，土地承包经营权人有权要求偿付。

第四节 地役权

【案例导入】

某建材公司要改电线，需要占用陈某的土地，为了方便自己的使用，建材公司与陈某签订了《占地协议》，约定建材公司使用陈某土地相应区块，并向陈某支付使用费每年500元。使用三年以后，建材公司就没有再支付款项，陈某去法院起诉要求建材公司支付。

【思考】某建材公司侵害了陈某的哪些权利？

一、地役权

（一）地役权的概念和特征

农村的土地除了自己耕作、养殖外，还会为他人提供利用价值。例如两块承包地是隔壁的，其中一块土地离水源比较远，种植的农作物又是喜水作物，土地的经营人为了更好利用自己的土地就可以跟隔壁的土地经营人约定，在他的土地上挖一个水渠方便水源的汇集。又如家门口要修一条路方便自己出行，但是路需从邻居家地块经过，于是约定每年给予相应费用，同意在邻居地块通行，这也属于地役权范畴。地役权是指依照合同约定，利用他人的不动产为自己使用或增加自己的土地价值而设立的权利。地役权的发生以存在两块土地为前提，其中一块土地是供役地，是供他人土地的方便和利用价值的土地，另外一块土地是需役地，是指享受方便和利益的土地。地役权主要有以下特征：

（1）地役权是以限制供役地的所有权或使用权为内容的，地役权的设置就是为了方便需役地的使用，所以设立时就会对供役地产生一定的限制。给供役地造成一定的不方便。

（2）地役权是利用他人土地的物权。地役权利用的是他人的土地，如果是自己的土地就不需要设置地役权，所以必然是使用了他人的土地，是属于一种为了增加自己土地的利用价值而利用他人土地的用益物权。当然地役权也是限制了仅仅是利用他人的土地，而不是建筑物。建筑物的使用就是其他的法律关系，例如租赁关系。

（3）地役权的主体是土地的所有权人或使用权人。地役权法律关系的双方主体可以是土地所有权人，也可以是土地的使用权人。具体而言，集体土地所有权人、土地承包经营权人、宅基地使用权人、建设用地使用权人皆可作为地役权法律关系的主体。

（4）地役权是通过合同关系设置的权利。地役权的设置必须是供役地和需役地的权利人，经过协商，就具体的地役权适用范围进行约定而设置的权利。地役权合同必须是书面合同，地役权合同一般包括当事人的姓名或者名称和住所、供役地和需役地的位置、利用目的和方法、地役权期限、费用及其支付方式、解决争议的方法等条款内容。

（二）地役权的分类

1. 意定地役权和法定地役权

地役权的设立是基于当事人的约定，亦或是法律的直接规定，地役权可分为意定地役权和法定地役权，民法典规定的地役权主要是意定地役权。而法定地役权主要是为了公共利益的需要而依法律的直接规定设立的地役权，比如说我国的"西气东输""南水北调"等工程沿途的土地权利人无需签订地役权合同，直接按照法律的规定设定地役权，并对占有土地的权利人进行相应的补偿。

2. 作为地役权和不作为地役权

以供役地人所负义务的不同，地役权可分为作为地役权和不作为地役权。作为地役权又称为积极的地役权，指地役权人可在供役地上为一定行为，如同行地役权、排水地役权、采土地役权等。

不作为地役权又称消极的地役权，是以供役地所有人或使用人不得于供役地上为一定行为。例如为了采光、远眺禁止供役地阻挡的行为；需役地人为避免供役地与其营业竞争，禁止供役地经营相同业务。

3. 继续地役权和不继续地役权

根据地役权行使方式或实现时间的标准，可分为连续地役权和非连续地役权。前者是指地役权的行使无需每次都有地役权人的行为，但权利可以连续实现。例如修筑道路的通行地役权、装饰水管的汲水地役权等消极地役权通常是连续地役权。后者又称不连续地役权，是指权利的行使需要权利人每次都进行一定的行为，否则权利就无法实现的地役权。

二、地役权的内容

（一）地役权人的权利与义务

（1）对供役地使用的权利。该权利是地役权人最重要的权利。地役权人设置地役权的目的就是为了使用供役地的土地。供役地的使用方法、范围是多种多样的，只要不违反法律强制性规定、不违反公序良俗，均可以通过合同的方式约定供役地的使用。

（2）有权实施必要的附随行为与设置。地役权人基于行使或维持其地役权权利的需要，即可以为必要的行为，也可以为必要的设置。必要的行为，例如为了达到排水的目的而开凿沟渠。必要的设置，例如为了通行修建必要的道路。但是地役权人的行为必须尽量减少供役地权利人物权的限制。

（3）有权行使基于地役权的物权请求权。在地役权关系中，地役权人于地役权设置的目的范围内，有对供役地加以直接支配的权利。由此，地役权人对有妨碍他行使地役权的行为，有权行使物权请求权。

（4）转让、互易、赠与地役权的权利。地役权为一种用益物权，地役权人可以转让、互易、赠与的权利，但是不能与需役地原来的权利相分离。《民法典》第三百八十五条规定，"已经登记的地役权变更、转让或者消灭的,应当及时办理变更登记或者注销登记。"没有登记不得对抗善意第三人。

(5) 支付地役权费用的义务。地役权的取得是有偿的,地役权人有义务向供役地权利人支付费用。地役权的行使是对供役地的限制,应该按照合同的约定支付相应的对价。

(二) 供役地人的权利与义务

(1) 容忍与不作为义务。供役地是指在地役权法律关系中为需役地人的利益提供便利的土地。供役地人在自己的土地设立了地役权后,即应该容忍地役权人在自己的土地上为一定行为或不为一定的行为。如果是积极的地役权,供役地人要容忍地役权人为一定行为。如果是消极地役权,供役地人应该不为一定的行为。

(2) 使用地役权人的设施和分担维持设施的费用。在地役权关系中,供役地人有时可与需役地人共同利用供役地。此时双方应该分担维持设施的费用。

(3) 供役地费用请求权。供役地人将自己的土地供地役权人使用,其供役地的使用受到一定的限制,按照合同的约定可以要求支付相关费用。

【对点案例】

【案情简介】小张毕业后回乡创业,经过几年的打拼有了自己的小车。2013年,为了车辆通行方便,小张与村民小马签订了《公路通行协议》,双方约定小张占用小马房屋旁边的土地修建公路至小张家门口,协议达成后,小马不得以任何理由阻拦通行。然而,从2018年开始,小马开始阻拦小张的车辆通行,并在公路上堆放砖块、设置栏杆,导致车辆无法通行。于是小张诉至法院,请求小马拆除障碍物,继续履行《公路通行协议》所约定的义务。那小张的诉讼请求能不能得到支持？到底是谁违反了协议？

【案情分析】双方当事人在协议中虽未明确约定修路的目的是为小张的通行提供便利。故被告对原告的必要通行负有一定容忍义务，不得妨碍通行，而小张亦应当在不影响小马土地附属物安全的前提下通行。小马以堆放砖块方式阻碍原告的正常通行，侵害了小张基于双方协议取得的通行权，应当承担排除妨碍、保持道路畅通的民事责任。根据《民法典》第三百七十五条规定："供役地权利人应当按照合同约定，允许地役权人利用其不动产，不得妨害地役权人行使权利。"因此本案中小马作为供役地权利人应当按照合同约定提供便利，不得妨害小张即地役权人的正常权利，故法院支持了小张的诉求。

三、地役权的消灭

（一）地役权的消灭原因

1. 土地灭失

地役权以存在供役地和需役地为必要，所以一旦供役地和需役地灭失，地役权就随之消灭。另外，供役地虽然不是全部灭失，但事实上，也不能再供需役地的方便和利益之所用，那地役权也由此消灭，例如汲水地役权的水源已经枯竭，则没有再设置地役权的必要。

2. 约定事由的发生

设立地役权时，供役地和需役地权利人签订了地役权消灭的条件。当该条件成就时，则地役权消灭。例如双方在合同中约定一旦需役地人不支付费用，则地役权消灭。

3. 地役权人放弃权利

地役权既然是一种权利，权利就是权利人可为可不为的一种选择，需役地权利人虽然已经支付了费用，但是其自愿放弃使用供役地，则地役权也可以消灭。

4. 地役权合同被解除

双方约定有偿利用供役地的，约定付款期限届满后合理的期限内，经催告需役地主体仍不支付费用的，供役地权利人有权解除地役权合同，地役权归于消灭。

5. 地役权存续期间届满

双方在合同中约定了地役权的存续期间，当期间届满时，双方并没有按照合理的方式予以续期，则地役权归于消灭。

（二）地役权消灭的法律后果

已经登记的地役权消灭的，除供役地权利人可单独申请地役权注销登记的外，地役权人负有协助供役地权利人办理注销地役权登记的义务。

地役权人占有供役地的，应将供役地恢复原状并予以返还；地役权人不占有供役地又未建造设置物的，自然恢复原状；已经建造了设置物的，地役权人可以取回设置物，或由供役地权利人作价补偿给地役权人，但对于供役地权利人无利益的，供役地权利人有权请求地役权人拆除设置物，恢复原状。

第三章　农村经营主体法律制度

【法谚法语】

> "只要不违反公正的法律,那么人人都有完全的自由以自己的方式追求自己的利益。"
>
> ——(英)亚当·斯密

新型农业经营主体是实施乡村振兴战略的重要推动力量。它们是推动我国农村经济建设、实现农业现代化以及促进农民就业增收的关键力量。随着互联网的发展,线上交易的兴起为农村经营主体提供了更多样化的经营方式,丰富了农村市场的经营模式。筹办新型农业经营主体,必须在充分熟悉现代农业及其"三大体系"的基础上,选择适合自己特点的经营主体类型,依法规范申办经营主体。农村经营主体的政策性形态包括专业大户、家庭农场、农民专业合作社、龙头企业等,法律形态主要表现为家庭承包经营户、合伙企业、农村专业合作社以及有限责任公司等形式。每种形式都有其独特的法律地位和责任划分。因此,需要根据经营特点、规模大小等因素,找到适合的经营主体形式,发挥各自的优势和特点,推动农村经济建设、实现农业现代化以及促进农民就业增收。

第一节　个体工商户

【案例导入】

老陈一家人在农贸市场租了一家门面，约定租金 20 万元一年，专门做农产品批发，租赁协议是由老陈和房东签订的，平时由老陈儿子和媳妇经营，老陈将自己农田产出的农产品拿到门面销售。老陈以自己的名义办理个体工商户的营业执照。后来销售给老张的农产品出现质量问题，老张要求赔偿。

【思考】本案中，货物赔偿责任怎么承担，由谁承担？

一、个体工商户的概念

个体工商户是指在法律允许的范围内，依法经核准登记，从事工商经营活动的自然人或者家庭。单个自然人申请个体经营，应当是 16 周岁以上有劳动能力的自然人。家庭申请个体经营，作为户主的个人应该有经营能力。个体工商户可以个人经营也可以家庭经营。

二、个体工商户的法律地位

个体工商户的法律地位为在依法核准登记的范围内，个体工商户享有从事个体工商业经营的民事权利能力和民事行为能力。个体工商户的正当经营活动受法律保护，对其经营的资产和合法收益，个体工商户享有所有权。个体工商户可以在银行开设账户，向银行申请贷款，有权申请商标专用权，有权签订劳动合同及请帮工、带学徒，还享有起字号、刻印章的权利。个体工商户在生产经营活动中必须遵守国家的法律，照章纳税，服从工商行政部门的监督和管理。个体工商户从事违法经营的，必须承担民事责任和其他法律责任。

三、个体工商户的责任承担

《民法典》第五十六条规定:"个体工商户的债务,个人经营的,以个人财产承担;家庭经营的,以家庭财产承担;无法区分的,以家庭财产承担。"个体工商户在经营中所负债务的清偿原则如下。

(1)个体工商户是以个人进行经营的,其所负债务为个人债务,应当以其个人财产对债务承担无限清偿责任,与夫妻共同财产和家庭共同财产无关。

(2)以家庭为单位进行经营的,无论是其收益还是负债,都是家庭共有财产,对在个体经营中负担的债务,应当以家庭的全部财产承担无限责任。

(3)个体工商户在经营中无法区分是个人经营还是家庭经营的,应当按照有利于债权人的原则确认,认定为家庭经营,以家庭财产承担。

个体工商户依法在法律规定和核准登记的经营范围内,充分享有自主经营权利,并经批准可以起字号、刻图章、在银行开立账户,以便开展正常的经营活动。个体工商户的字号享有名称权,其他任何人不得侵犯。在经营活动中,没有起字号的个体工商户,应当以市场监督管理部门登记的经营者的姓名作为经营者的名义,这种经营者使用的姓名实际上已经与自然人本身的姓名有所区别,具有字号的含义。

四、申请个体工商户的办理流程

(一)名称预先登记

申请个体工商户首先应提交拟设名称预先登记申请书、申请人身份证明或委托书等材料,向市场监督管理部门办理名称预登记。名称一般应当由行政区划名称、字号、行业或者经营特点、组织形式组成,并依次排列。个体工商户可以起字号,也就是给自己的店铺起店名（如上尚若水民宿），当然也可以不起字号，而直接以经营者个人名义（如张三"农家乐"）对外从事经营活动。如果起字号，可以选用某某"厂""店""馆""部""行""中心"等字样，但不得使用"企业""公司"和"农民专业合作社"字样。

（二）设立登记

提供登记申请书、经营者身份证明、名称预先核准通知书、经营场所证明等材料到当地工商管理部门办理登记。

（三）刻制印章

携带营业执照、经营者身份证明等材料到公安局特行科审批刻制。

（四）国税登记

携带营业执照、有关合同、章程、居民身份证明、房产完税证明或租房协议等材料到当地税务局办理地税登记。

（五）开立银行账号

个体经营户可以根据营业需要，携营业执照到相应银行开立对公银行账号。

第二节　合伙企业

【案例导入】

老陈和老王成立了一家名叫"乡里家人农产品销售部"，老陈以合伙企业名义与老张签订农产品购销合同。老张收到货物后发现有严重质量问题，于是起诉要求赔偿。

【思考】请问责任应该怎么承担？

一、合伙企业的概念

合伙企业是指由各合伙人订立合伙协议，共同出资、共同经营、共享收益、共担风险，并对企业债务承担无限连带清偿责任的营利性组织。也是指自然人、法人和其他组织依照《合伙企业法》在中国境内设立的，由两个或两个以上的自然人通过订立合伙协议，共同出资经营、共负盈亏、共担风险的企业组织形式。合伙企业的类型包括普通合伙企业和有限合伙企业。普通合伙企业由普通合伙人组成，而有限合伙企业则由普通合伙人和有限合伙人共同组成。值得注意的是，国有独资公司、国有企业、上市公司以及公益性事业单位和社会团体不得成为普通合伙人。

（1）在普通合伙企业中，由2人以上的普通合伙人组成，合伙人对合伙企业的债务承担无限连带责任。这意味着合伙人可能需用个人资产来偿还企业债务。

（2）有限合伙企业则由2人以上50人以下的普通合伙人和有限合伙人组成，其中至少应有1名普通合伙人和1名有限合伙人。如果有限合伙企业中只剩下普通合伙人，该企业应转为普通合伙企业；如果只剩下有限合伙人，则企业应当解散。在有限合伙企业中，普通合伙人同样对债务承担无限连带责任，而有限合伙人仅以其认缴的出资额为限承担责任。

此外，合伙企业不具有法人资格，因此不需缴纳企业所得税，而是按照个人所得税的相关规定缴税。这一税务特性使得合伙企业在某些情况下相较于其他企业形式更为有利。

二、合伙协议

为了避免经济纠纷，在合伙企业成立时，合伙人应首先订立合伙协议（又叫合伙契约，或叫合伙章程），其性质与公司章程相同，对所有合伙人均有法律效力，一般包括以下内容：

（1）合伙企业的名称（或字号）和所在地及地址；

（2）合伙人姓名及其家庭地址；

（3）合伙企业的经营以及设定的存续期限；

（4）合伙企业的设立日期；

(5) 合伙人的权利和义务；
(6) 合伙人的投资形式及其计价方法；
(7) 合伙的退伙和入伙的规定；
(8) 损益分配的原则和比率；
(9) 合伙人利润分配；
(10) 合伙人死亡的处理以及继承人权益的确定；
(11) 合伙企业结账日和利润分配日；
(12) 合伙企业终止以及合伙财产的分配方法；
(13) 其他需经全体合伙人同意的事项等。

三、利润分配和债务承担

合伙企业的利润分配、债务承担，按照合伙协议约定办理，合伙协议未约定或者约定不明的，由合伙人协商决定；协商不成的，由合伙人按照实缴出资比例分配、分担；无法确定出资比例的，由合伙人平均分配、分担。

合伙企业面临债务时，先由合伙企业的财产予以归还，不足部分，除了有限合伙中的有限合伙人对债务承担有限责任，其他合伙人对合伙企业承担连带责任。

第三节　有限责任公司

【案例导入】

老陈经营农业多年，规模逐步扩大，隔壁老王也想投资一起经营，但是不知道应该要成立怎么样的经济主体。他们听说可以成立公司，但是又不知道什么是公司？成立什么样的公司？成立的公司责任又是怎么分配的？

【思考】请帮他们出出主意。

一、有限责任公司的概念

公司是依照《公司法》设立的，以营业为目的的企业法人。公司包括在中国境内设立的有限责任公司和股份有限公司。有限责任公司是指由一定人数的股东共同出资，每个股东以其所认缴的出资额为限对公司承担责任，公司以其全部资产对公司债务承担责任的法人。

二、有限责任公司的设立条件

根据《公司法》规定，设立公司应该符合下列条件：
（1）股东符合法定人数，50人以下；
（2）有符合公司章程规定的全体股东认缴的出资额，法律、行政法规及国务院决定对有限责任公司注册资本实缴、注册资本最低限额另有规定的，从其规定；
（3）股东共同制定公司章程；
（4）有公司住所；
（5）法律、行政法规或者国务院决定规定设立有限责任公司必须报经批准的，还应当经有关部门批准。

三、有限责任公司的设立程序

（一）申请公司名称核准

公司名称不仅是企业身份的象征，也是品牌建设的基础。一个独特且符合规定的公司名称有助于树立企业形象，避免法律纠纷。全体股东可以指定的代表或委托的代理人向公司登记机关申请公司名称核准，在公司筹建期间使用核准的公司名称。公司名称依次由公司所在行政区域、字号、行业、组织形式组成。如浙江希克农业有限公司。

国务院制定的《企业名称登记管理规定》第十条对企业名称中的"字号"做出了限制与禁止，企业名称中不得有下列情形：

（1）损害国家尊严或者利益；

（2）不得损害社会公共利益或者妨碍社会公共秩序；

（3）使用或者变相使用政党、党政军机关、群团组织名称及其简称、特定称谓和部队番号；

（4）使用外国国家（地区）、国际组织名称及其通用简称、特定称谓；

（5）含有淫秽、色情、赌博、迷信、恐怖、暴力的内容；

（6）含有民族、种族、宗教、性别歧视的内容；

（7）违背公序良俗或者可能有其他不良影响；

（8）可能使公众受骗或者产生误解；

（9）法律、行政法规以及国家规定禁止的其他情形。

（二）全体股东共同制定公司章程

章程应当载明下列事项：公司名称和住所；公司经营范围；公司注册资本；股东的姓名或者名称；股东的权利和义务；股东的出资方式和出资额；股东转让出资的条件；公司的机构及其产生办法、职权、议事规则；公司的法定代表人；公司的解散事由与清算办法；股东认为需要规定的其他事项。股东应当在公司章程上签名、盖章。

（三）股东缴纳出资

有限责任公司的注册资本为在公司登记机关登记的全体股东认缴的出资额。全体股东认缴的出资额由股东按照公司章程的规定自公司成立之日起五年内缴足。股东可以货币出资，或以实物、工业产权、非专利技术、土地使用权作价出资。对作为出资的实物、工业产权、非专利技术或者土地使用权，必须进行评估作价，核实财产，不得高估或者低估作价。土地使用权的评估作价，依照法律、行政法规的规定办理。

（四）依法登记

股东的全部出资经法定的验资机构验资后，由全体股东指定的代表或者共同委托的代理人向公司登记机关申请设立登记，提交公司登记申请书、公司章程、验资证明等文件。法律、行政法规规定需要经有关部门审批的，应当在申请设立登记时提交批准文件。

公司经登记机关依法登记，领取营业执照，方取得企业法人资格，公司营业执照签发日期为公司成立日期。

四、有限责任公司的经营

（一）有限责任公司的组织机构

公司的组织机构是为了适应公司的组织机能和治理结构而依法设置的实现公司权利能力和行为能力的组织系统。公司组织机构包括四个部分的内容，即股东会、董事（会）、监事（会）和总经理。

1. 股东会

股东会是由公司全体股东组成的决定公司重大问题的最高权力机构，是股东表达其意志、利益和要求的主要场所和工具。股东会须由全体股东组成，是公司的法定但非常设机构，仅以普通年会和临时会议的形式行使职权，凡是具有股东资格者均是股东成员，有权出席股东会议，参与公司的经营方针、投资计划、审议批准董事会报告、公司合并、分立、解散等。

2. 董事（会）

董事会是由股东会选举产生的，是由董事组成的负责公司经营管理活动的合议制机构，其成员为3人以上。董事会是公司的常设机构，在股东会闭会期间，董事会是公司经营决策的领导机关。除股东大会拥有或授予其他机构拥有的权力以外，公司的一切权力由董事会行使或授权行使。作为合议制机构，公司的业务活动必须由全体董事组成的董事会会议决定，任何一个董事都无权决定公司的事务，除非董事会授权。

为了适应小型企业的运营需求，进一步集中管理权和执行权，提高决策效率。《公司法》第七十五条规定："规模较小或者股东人数较少的有限责任公司，可以不设董事会，设一名董事，行使本法规定的董事会的职权。该董事可以兼任公司经理。"

3. 监事（会）

公司的决策权和管理权大部分集中在少数人手中，这是提高公司经营管理效率的需要。为了防止他们滥用权力，违反法律和章程，损害公司所有者的利益，所有者及股东要对他们的活动及其组织的公司业务活动进行检查和监督，这种监督权由公司的监督机构来执行。一般这种监督机构为监事（会），根据《公司法》第七十六条规定，"有限责任公司设监事会，其成员不得少于三人。股东人数较少或者规模较小的有限责任公司，可以设一至二名监事，不设监事会。"

4. 总经理

总经理，是指由董事会作出决议聘任的主持日常经营活动的公司负责人，是董事会的辅助机关，从属于董事会。总经理的职权范围通常来自董事会的授权，只能在董事会或者董事长授权范围内对外代表公司。

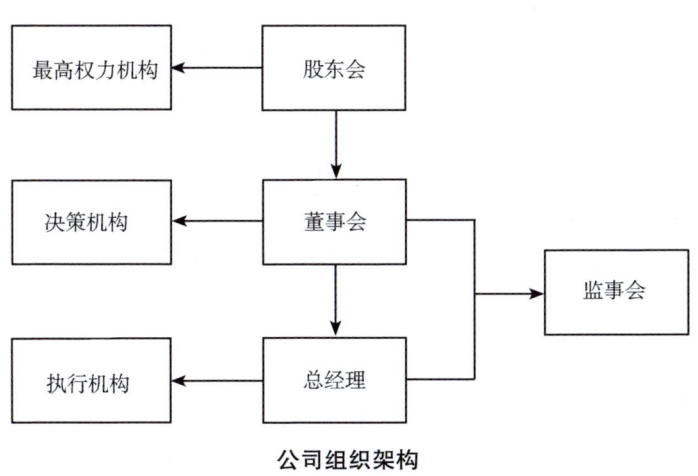

公司组织架构

(二) 有限责任公司的债务承担

《公司法》第三条规定:"公司是企业法人,有独立的法人财产,享有法人财产权。公司以其全部财产对公司的债务承担责任。"有限责任公司的股东以其认缴的出资额为限对公司承担责任。通常情况下,公司债务与股东是相分离的:股东以认缴的出资或认购的股份为限对公司承担责任;而股东向公司提供的出资、缴纳的股款,成为公司的财产;公司的财产是独立存在的,公司的债务以公司资产为限进行偿还。因此,股东不需要为公司的债务承担责任,不直接承担公司的债务。但是在某些特定情况下,股东要承担相应的公司债务:

(1) 一人公司人格混同。《公司法》第二十三条第三款规定:"只有一个股东的公司,股东不能证明公司财产独立于股东自己的财产的,应当对公司债务承担连带责任。"

(2) 股东滥用公司法人独立地位和股东有限责任。《公司法》第二十三条第一款规定:"公司股东滥用公司法人独立地位和股东有限责任,逃避债务,严重损害公司债权人利益的,应当对公司债务承担连带责任。"

(3) 公司注销登记后仍然存在债务。简易注销程序中,股东对公司已经清偿全部债务作出承诺不实,在公司注销后公司债权人可以要求作出承诺的股东承担债务,且多个股东之间承担连带责任。公司因被吊销营业执照、责令关闭、被撤销而注销登记的,公司债权人可以要求原公司股东承担责任,且多个股东之间承担连带责任。但需要区分的是,公司通过破产形式清偿所有债权人债务的,破产程序结束后,债权人再要求股东承担剩余债务的,如无法律的特别规定或案件特殊情况,则股东无需承担。

【小贴士】

法人、法定代表人和法人代表是一回事吗?

法人不是指有血有肉的自然人,而是指具有法人人格意义上的人，是一种法律上拟制的人，是一个组织。最常见的"法人"就是有限责任公司与股份有限责任公司，也就是说公司本身是一个法人。

法定代表人是指公司营业执照上记载的企业负责人是一个特定的自然人，代表公司对外执行公司行为的负责人。通俗地说，是公司的代言人。

法人代表也是一个人，但是是法人单独授权从事某项活动的，例如任何人都可以成为法人代表，公司可以委派一人或者多人从事某种行为。因此，法人代表主要是公司委托代理人。

第四节　农民专业合作社

【案例故事】

探寻共富密码——吉林省梨树县夏家农民合作社

梨树县夏家农民合作社于2004年4月28日由张淑香组织6名农民创建的自我服务和经济合作的农民专业合作社。合作社理事长由张淑香担任，合作社地址为梨树县梨树乡夏家村六社。

夏家村六社的养殖户通过合作社模式，实现了从单家独户饲养到紧密合作的转变。他们联合购买饲料，直接找客户销售，提高了经济效益。《农民专业合作社法》颁布后合作社的发展更是如鱼得水，梨树县夏家合作社根据自身发展情况，投资兴办家庭农场走出新的发展模式，通过投资新的技术创新项目，发展"多功能多富硒蛋"，走出一条新路，首先在首都北京拓展市场，开展多维度的市场合作，发展产业合作。在保证产品质量的前提下，供应优质产品。2004年，夏家农民合作社被评为农业农村部农民专业合作组织示范项目承办单位，梨树县被贵州省确定为全省2004—2006年农村合作经济组织试点县。

很多人问夏家村合作社的共富密码？目前夏家村合作社仍醒目地挂着"十六字"真言：风险共当，市场共闯；利益共创，实惠共享。

农民合作社是新时期推动现代农业发展、适应市场经济和规模经济的一种新型组织形式。农民专业合作社作为推进农业现代化和农村经济发展的重要载体。2007年7月1日，《农民专业合作社法》和《农民专业合作社登记管理条例》正式实施，农民专业合作社如雨后春笋般成立，这标志着农民专业化合作社正式进入法制化和规范化。为了适应农业和农村经济发展的新形势，落实乡村振兴战略，更好地促进农民专业合作社的健康发展，保护农民的合法权益，推动农业农村现代化，2017年12月27日第十二届全国人民代表大会常务委员会第三十一次会议修订《农民专业合作社法》，自2018年7月1日起施行。

一、农民专业合作社的概念和特征

农民专业合作社是在农村家庭承包经营基础上，同类农产品的生产经营者或者同类农业生产经营服务的提供者、利用者，通过自愿联合、民主管理的方式，建立的互助性经济组织。其成员为农户或者家庭农场。

农业专业合作社具有以下特点：

（1）农民专业合作社是一种经济组织。依法成立，可以独立承担法律责任，并参与各类投资与市场活动。但需强调的是，只有真正从事农业生产经营活动的实体型农民专业合作经济组织属于农民专业合作社。

（2）农民专业合作社是自愿联合、民主管理的经济组织。农民专业合作社是自愿联合、民主管理的经济组织。任何单位和个人都不得强迫农民加入或退出合作社。在合作社内部，所有成员享有平等的权利，包括决策权、选举权和被选举权，确保了成员之间的利益平衡和民主决策。

（3）农民专业合作社是互助型经济组织。农民专业合作社是以互助合作为核心，旨在通过集体力量帮助农民解决单户经营难以应对的问题。例如，通过合作社，农民可以共同购买生产资料、共享技术服务、统一销售产品等，从而提高生产效率和市场竞争力。

（4）农民专业合作社是建立在农村家庭承包经营基础上的。它并不剥夺农民的财产权或经营自主权。相反，合作社的目的是将家庭农场整合起来，形成规模效应，提升整体的经营效率，同时保障农民的土地权益和收益分享。

二、农民专业合作社的种类

根据合作的主要方式，农民专业合作社可以分为以下几类：

（1）生产合作社。涉及种植、采集、养殖、渔猎、牧养、加工、建筑等生产活动的各类合作社。这些合作社通常以提升生产技术和产品质量为目标，如农业生产合作社、手工业生产合作社、建筑合作社等。

（2）流通合作社。专注于产品的销售、购买和运输等流通服务。这类合作社帮助农民更好地连接市场，提高产品的市场竞争力，如供销合作社、运输合作社、消费合作社、购买合作社等。

（3）信用合作社。主要为社员提供存款和贷款服务。农村信用合作社、城市信用合作社等，通过合理的金融服务支持农民的生产经营活动。

（4）服务合作社。通过提供各种劳务和服务来满足社员的需求，如技术服务合作社、信息服务合作社等。

【对点案例】

> 2020年,枝江市桔缘柑桔专业合作社创新"村社合一"发展思路,将合作社的产业优势与向巷村的资源优势相结合,强强联手共谋发展。向巷村314户村民全部加入合作社,实行统一研发、统一生产、统一品牌、统一销售的产业发展模式。同时,村社拓展延伸成立吉吉村旅游开发有限公司,共同打造集观景、体验、休闲、运动等多功能于一体"吉吉主题公园",2022年共接待参观游客50万人次。2022年加工柑桔62 000余吨,经营收入达到2.6亿元,为村集体创收28.3万元。
>
> 村级集体经济组织与农民专业合作社通过资源资产作价和投资入股、服务合作等方式,实现村社共建共享、融合发展,既解决村集体"三资"保值增值难题,又解决合作社产业发展难题。

三、农民专业合作社的设立

(一)农民专业合作社的设立条件

(1)有5名以上的成员,其中农民至少占成员总数的80%。成员必须是具有民事行为能力的公民,以及从事与农民专业合作社业务直接有关的生产经营活动的企业、事业单位或者社会团体,能够利用农民专业合作社提供的服务,承认并遵守农民专业合作社章程,履行章程规定的入社手续的,可以成为农民专业合作社的成员。但是,具有管理公共事务职能的单位不得加入农民专业合作社。

(2)制定章程。章程是用来规定合作社的重要事项,包括入社、退社条件、盈余分配、成员权利义务等,来确保合作社有序进行。

(3)成立组织机构。合作社对外执行事务人员称之为理事长,与有限责任公司的称呼有所不同，但实际上，他的权利义务与公司的法定代表人相同。合作社与有限责任公司组织机构略有区别，需要成立理事会、监事会（执行监事）。

（4）有固定的住所、名称。住所就是合作社的业务活动场所，可以是合作社自己建立的场所，也可以是租赁的场所。合作社的名称，和其他组织形式一样，也是由行政区划、字号、行业组织形式依次组成，组成形式不能使用"企业""公司"字样。

（5）有符合章程规定的成员出资。农民专业合作社成员可以用货币出资，也可以用实物、知识产权、土地经营权、林权等可以用货币估价并可以依法转让的非货币财产，以及章程规定的其他方式作价出资；但是，法律、行政法规规定不得作为出资的财产除外。农民专业合作社成员不得以对该社或者其他成员的债权，充抵出资；不得以缴纳的出资，抵销对该社或者其他成员的债务。

（二）农民专业合作社的设立程序

根据《农民专业合作社法》第十六条规定，设立农民专业合作社，应当向工商管理部门提交相关文件，申请设立登记，《农民专业合作社登记管理条例》对农民专业合作社设立登记进行了细化规定，在登记过程中应提交如下文件：

（1）设立申请表；

（2）全体设立人签名、签章的设立大会纪要；

（3）全体设立人签名、盖章的章程；

（4）法定代表人、理事的任职文件和身份证明；

（5）载明成员的姓名或者名称、出资方式、出资额以及成员出资总额，并经全体出资成员签名、盖章予以确认的出资清单；

（6）载明成员的姓名或者名称、居民身份证号码或者登记证书号码和住所的成员名册，以及成员身份证明；

（7）能够证明农民专业合作社对其住所享有使用权的住所使用证明；

(8) 全体设立人指定代表或者委托代理人的证明。

四、农民专业合作社的经营

(一) 农民专业合作社的盈余分配

依据《农民专业合作社法》的规定，合作社的可分配盈余的分配方式应当由其章程所规定或通过成员大会的决议来确定。其中，有一个重要原则是，至少60%的可分配盈余需要根据成员与合作社之间的交易额度按比例进行返还。剩余的部分则按照记载在成员账户中的出资额和公积金份额，以及合作社所获得的国家财政直接补助和他人捐赠形成的财产，经过平均量化后分配给成员。

所谓可分配盈余，指的是合作社在一定时期内经营活动所产生的净利润。这部分盈余在扣除了亏损补偿和提取公积金之后，剩余的部分即可用于当年的分配。可分配盈余的分配主要依据成员的交易额度比例进行，但若经过成员（代表）大会的表决同意，也可以将全部或部分可分配盈余转变为成员对合作社的出资。

(二) 农民专业合作社的债务承担

农民专业合作社根据《农民专业合作社法》的规定，对以其成员出资、公积金、国家财政直接补助、他人捐赠以及合法取得的其他资产所形成的财产拥有占有、使用和处分的权利，并以此财产对其债务承担责任。成员对合作社的债务承担限于其在合作社账户内记载的出资额和公积金份额，个人财产不受影响，除非有额外的担保或承诺。在合作社解散或清算的情况下，应按照法定程序清偿各类债务，包括员工工资、社会保险费用和所欠税款等。

第四章　涉农合同法律制度

【法谚法语】

> "在民法慈母般的眼神中，每个人就是整个国家。"
> ——（法）孟德斯鸠

合同是平等民事主体的自然人、法人、非法人组织之间设立、变更、终止民事法律关系的协议，是链接农产品与市场重要的纽带。规范的合同能有效避免纠纷发生，提高履行效率。

【案例导入】

陈某种植的红薯收成很好，其要到市场上批发卖红薯，张某是经销商，其以前跟陈某做过买卖，约定的价格是每千克2元。陈某就直接将今年的红薯托运给了张某以前的地址。张某没有及时收货，红薯都发生了腐烂。

【思考】红薯的损失应该由谁承担？

第一节　合同的订立

一、合同的概念

最早的时候，合同被称作"书契"。《周易》记述："上古结绳而治，后世圣人对人易之以书契。""书"是文字，"契"是将文字刻在木板上。这种木板一分为二，称为左契和右契，以此作为凭证。合同即是为合而为之的"书契"，这是"合同"一词的本义。如今，合同的签订都呈现在纸上，甚至具有更丰富的形式。法律上的合同是指平等民事主体的自然人、法人、非法人组织之间设立、变更、终止民事法律关系的协议。合同具备以下特征：

（1）合同是一种合意。合同的本质就是合同各方的一种合意，即合同各方对某事项达成一致意见的意思表示。合同必须包括以下要素：一是合同必须有双方当事人，有时候是一方主体单方作出的承诺，其承诺也是有对象的，只是对象是特定的或不特定的，所以也是具有双方当事人的特征；二是双方当事人互相作出意思表示，双方就某一事项均作出了一定的意思表示，包括要约和承诺；三是双方当事人就作出的意思表示达成一致意见。

（2）合同是依照当事人的意愿发生法律效果的民事法律行为，能够产生当事人所预期的法律效果。

（3）合同是发生民法上效果的法律行为。合同以设立、变更或终止民事权利义务关系为目的主要涉及的是财产关系。

二、合同的订立过程

合同的订立是指当事人就合同条款的权利义务协商一致，从而达成协议的法律行为。

合同的订立过程主要包括要约和承诺两个阶段。合同订立的是一个要约、承诺不断变化的动态过程，体现为双方当事人之间来回磋商、讨价还价的过程。

（一）要约

要约是一种订约行为，即一方发出意愿与另一方订立合同的意思表示。发出一方称之为要约人，接受一方称之为受要约人。主要包括以下要件：

（1）有特定的主体作出一定的意思表示。例如老陈要出售红薯的意思表示。

（2）向要约人希望与之订立合同的受要约人作出。老陈要出售红薯，会有一定的出售对象，所以其要向希望与之订立合同的对象作出。

（3）具有订立合同的目的并表明一经受要约人承诺，要约人即受该意思表示拘束的意志。老陈给以前购买过红薯的经销商发微信说，"愿将红薯以 1.2 元 1 千克出售"。老陈作出的意思表示是对自己有约束的，如果经销商说"可以"，那老陈必须以 1.2 元每千克的价格出售给经销商。

（4）内容具体且明确，所谓"具体"是指意思表示包含合同的主要条款，作为出售红薯的合同，"数量和价格"就是关系合同成立的主要条款。主要条款的内容实务中按照不同的合同交易习惯来确定。所谓"明确"就是不能含糊不清，如老陈说他红薯的价格差不多在一元以内，这样的表述就无法明确价格，合同的内容也就无法确定。

（二）承诺

承诺是指受要约人同意要约的意思表示。承诺主要包括以下四个要件：

（1）承诺必须由受要约人作出，其他人是无要约资格的；

（2）应当向要约人作出承诺的意思表示；

（3）承诺的内容应当与要约的内容一致。针对实质性的条款的变更就视为新要约；

（4）承诺必须在承诺期限内到达要约人。受要约的人超过承诺期限发出承诺，或者在承诺期限内发出承诺，按照通常情形不能及时到达要约人的，为承诺的迟到，迟到的承诺视为一个新要约。

三、合同的内容与形式

（一）合同的内容

合同的内容是指合同当事人达成的明确双方权利义务的条款。

由于合同的种类和性质不同，合同的内容也不完全相同。根据《民法典》第四百七十条规定，合同具体内容由当事人约定，一般包括如下条款：当事人的名称或者姓名和住所标的；质量；数量；价款或者酬金；履行期限、地点和方式；违约责任；解决争议的方法。

（二）合同成立的形式

当事人可以采用合同书形式或者口头形式订立合同，特殊情况下除外。《民法典》第四百九十四条规定，国家根据抢险救灾、疫情防控或者其他需求下达国家订货任务、指令性任务的，有关民事主体之间应当依照有关法律、行政法规规定的权利义务订立合同。

1. 口头形式

口头形式的合同一般存在于即时性合同。日常生活中很多比较简单的经济活动，都会采用口头订约形式。例如去菜市场买菜、超市购物等均没有书面合约，通过直接订立口头合同，快速地履行完合同义务。口头形式具有便利、高效的特征，但是也有证据保存不力的缺点。

2. 书面形式

采用合同书形式的自当事人均签名、盖章或者按指印时合同成立。也就是说书面的合同可以采用多种方式确认意思表示，可以签名、盖章也可以按手印来确定。合同在当事人签名、盖章、按手印时成立。但是也有例外：

（1）当事人采用合同书形式订立合同的，在签名，盖章或者按指印之前，当事人一方已经履行主要义务，对方接受时，该合同成立；

（2）法律行政法规规定或者当事人约定，合同应当采用书面形式订立，未采用书面形式，但一方已经履行主要义务，对方接受时，该合同成立。

3. 电子数据形式

采用电子数据的形式订立的合同是书面合同的特殊方式，是法律允许的订约方式。电子商务中,当事人一方通过互联网等信息网络发布的商品或者服务信息符合要约条件的,对方选择该商品或者服务并提交订单成功时合同成立。

【对点案例】

> 老陈为了推销他的农产品,于是在淘宝上开立了一个店铺,店铺上挂了很多商品及价格,小李看到店铺的脐橙价格实惠,10千克才90元,于是下单了2箱。
>
> 在本案中,老陈把农产品挂到橱窗的行为属于要约,这个要约属于针对不特定人群发出的,网购者下单就是承诺,此时合同成立。

第二节　合同的效力

【案例导入】

老陈家里有一个陶瓷碗,他也不知道是什么,感觉很旧就给他们家老黄狗当饭碗。一天老张去村里收农作物,因为爱好古玩物,到老陈家一看老黄狗的饭碗,就知道这个饭碗是一个古董。然后就跟老陈说这个碗很别致一眼就喜欢,可不可以50元卖给他。老陈一直把这个碗当废物,于是马上同意了。后来老陈在电视上看到自己的碗被拍卖,价值10万元。老陈于是觉得很不公平。

【思考】请问有什么方法可以帮助老陈?

合同是一种民事法律行为,是民事主体依意志自主形成权利义务关系的主要方式。一般情况下合同成立后生效,但是合同成立不代表合同一定生效。已经成立的合同效力主要包括:有效的合同、无效的合同、可撤销合同、效力待定合同。本节主要阐述效力有瑕疵的合同。

一、可撤销合同

（一）可撤销合同的类型

所谓可撤销合同是指合同因欠缺一定的生效要件，其有效与否，取决于有撤销权的一方当事人是否行使撤销权的合同。可撤销的合同包括因重大误解订立的合同、显失公平订立的合同、受欺诈、受胁迫订立的合同、乘人之危的合同。

1. 因重大误解订立的合同

重大误解，是指一方当事人对合同的内容或者条款在理解上存在重大的错误，并使自己遭受较大损失。现实生活中重大误解的情形主要包括：一是对合同的性质发生误解；二是对标的物种类的误解；三是对标的物质量的误解；四是对标的物价值的误解；五是对当事人特定身份认识的错误。

2. 显失公平订立的合同

显失公平的合同是指一方在情况紧迫或缺乏经验的情况下，订立对自己明显有重大不利的合同。此种合同违反了公平和等价有偿的合同法原则，使合同当事人双方的权利义务明显不对等，经济利益上明显不均等。导致显失公平的原因可以是欺诈、胁迫、乘人之危、重大误解、当事人缺乏行为能力，也可能是其他的因素。

3. 受欺诈、胁迫手段订立的合同

以欺诈、胁迫手段订立的合同，作为可撤销合同。所谓欺诈指的是在合同签订、履行过程中，一方当事人故意告知对方虚假情况，或者故意隐瞒真实情况，诱使对方当事人作出错误意思表示，以达到非法目的的行为。常见情形包括虚假合同、误导性合同、阴阳合同、连环合同等。所谓胁迫是指一方当事人以将来要发生的损害或以直接施加损害相威胁，使对方产生恐惧并因此而订立合同。

【对点案例】

> 老张看中了老陈家的老宅，要求其出售房子，老陈不同意，老张就经常带一帮小混混去老陈家门口骚扰，给老陈施加压力，老陈没有办法就跟他签订了房屋买卖合同并办理了过户手续。请问老陈的合同是不是可以撤销？

4. 乘人之危订立的合同

乘人之危订立的合同，是指行为人面临危难处境或紧迫需要的情形，在没有价格竞争的条件下，迫于对方压力订立的不符合事实意思表示的合同。

（二）可撤销合同的效力

法律行为的有效要件之一就是意思表示真实、自由。合同一方当事人作出的意思表示不自由时，其很难真实地表达自己的想法。可撤销合同主要是因为合同在订立的时候意思表示不自由、有瑕疵，致使在合同成立后缺乏生效要件，无效生效。但是可撤销合同又是一种相对有效的合同，在有撤销权的一方行使撤销权之前，合同对双方当事人都是有效的。撤销权人行使撤销权的，自撤销权人胜诉的法律文书生效时，法律行为溯及自成立时自始无效。

（三）行使撤销权的方式

可撤销合同中，只有意思表示有瑕疵的一方才享有撤销权，而非双方都享有。重大误解合同，仅误解方享有撤销权。显失公平合同，仅受有不利的一方享有撤销权。欺诈、胁迫合同，仅受害人（即遭受欺诈、胁迫的一方）享有撤销权。

撤销权的行使只能以起诉或者申请仲裁的方式行使。在诉讼之外以通知方式行使撤销权的，不产生撤销的效力。有相对人意思表示的撤销，要以意思表示的相对人为被告或者仲裁的被申请人。无相对人意思表示的撤销，行使撤销权时，以因该意思表示而获得利益者为被告。例如抛弃动产所有权的意思表示因遭受欺诈、发生重大误解而撤销时，应以拾得被抛弃之动产者为被告。

（四）撤销权的行使期限

撤销权最长的期间为五年，自法律行为发生之日起开始计算。撤销权人未在此期间内行使撤销权的，撤销权消灭。《民法典》第一百五十二条同时规定了短期的期间：

（1）当事人自知道或者应当知道撤销事由之日起一年内没有行使撤销权的，撤销权消失；

（2）重大误解的当事人自知道或者应当知道撤销事由之日起九十日内没有行使撤销权，撤销权消失；

（3）当事人受胁迫，自胁迫行为终止之日起一年内没有行使撤销权，撤销权消失。

另外当事人可以放弃撤销权，当事人知道撤销事由后明确表示或者以自己的行为表明放弃撤销权，撤销权消灭。

二、效力待定的合同

效力待定的合同是指已成立的合同因欠缺一定的生效要件，其生效与否尚未确定，须经补正方可生效，在一定的期限内不予补正则视为无效的合同。

效力待定的类型主要有两类：一类是限制民事行为能力人依法不能独立订立的合同，效力待定。年龄在8周岁以上不满18周岁、不能完全辨认自己行为的成年人属于限制民事行为能力人。二类是因无权代理（但不能构成表见代理）订立的合同，效力待定。在代理关系中，代理人因为有了代理权，其行使的法律行为对被代理人有效。但是在代理权消失以后，代理人再继续代理被代理人签订合同，该合同效力待定。

（一）限制民事行为能力人签订的合同

《民法典》第一百四十五条规定："限制民事行为能力人实施的纯获利益的民事法律行为或者与其年龄、智力、精神健康状况相适应的民事法律行为有效；实施的其他民事法律行为经法定代理人同意或者追认后有效。相对人可以催告法定代理人自收到通知之日起三十日内予以追认。法定代理人未作表示的，视为拒绝追认。民事法律行为被追认前，善意相对人有撤销的权利。撤销应当以通知的方式作出"。也就是说限制民事行为能力人签订的与其年龄、智力、精神健康状况不相符的合同，效力是不确定的，该合同的效力归于无效的情形为三类：一类是法定代理人明确表示拒绝；二类是法定代理人自收到相对人的催告通知之日起三十日内未做表示，视为拒绝追认；三类是善意相对人行使撤销权撤销效力待定的合同。

（二）因无权代理订立的合同

（1）无权代理的情形包括没有代理权、超越代理权及代理权终止。在代理关系中，代理人必须在代理权限范围内订立合同。例如老陈的儿子代理老陈出售农产品，这经老陈授权的，但是擅自出售老陈名下的房屋，代理老陈与他人签订二手房买卖协议，属于超越代理权的行为。如果老陈觉得出售的价格合适同意出售的，也就是得到老陈的追认，二手房买卖合同才会生效。

（2）不能构成表见代理。所谓的表见代理是指被代理人的行为足以使第三人相信无权代理人具有代理权，并基于这种信赖而与无权代理人签订合同的代理。表见代理的意义是承认外表授权，保护善意交易相对人的利益，使善意相对人不相信表见代理人的行为发生了变化从而保护动态交易安全。如果构成表见代理，则代理人的行为仍对被代理人有效。

（3）无权代理人以被代理人的名义订立合同，被代理人已经开始履行合同义务或者接受相对人履行的，视为对合同的追认。即被代理人可以以行为方式认同无权代理的代理人与相对人签订的合同。

【对点案例】

> 老陈有一个孙子小陈，年龄 11 岁，特别喜欢网络游戏，在登录玩网络游戏时充值了 2 万元买装备。老陈的儿子有时候会帮老陈出售农产品，但是出售的钱都私下拿走，老陈很生气，就让他离开，以后都不要再来帮忙了。后来，老陈的儿子因为帮忙的时候认识了经销商老张，后来缺钱就跟老张说低价出售家里红薯，并收取了一定的定金。请问老陈孙子、儿子的行为效力如何？

三、无效的合同

无效的合同是指合同虽然成立了，因其严重欠缺有效要件，在法律上不按当事人之间的合约赋予其法律效力。具体包括以下三种类型。

（一）违反法律、行政法规效力性强制规定合同

《民法典》第一百五十三条规定："违反法律、行政法规的强制性规定的民事法律行为无效。但是，该强制性规定不导致该民事法律行为无效的除外。"由此可以得出该类无效合同必须是违反了效力性强制规定。强制性规定，是相对于任意性规定而言的，是不允许人们依自己的意思加以变更或排除适用的规定。强制性规定要求当事人必须从事或者不从事某一行为，属于行为规范的范畴，通常以"应当""必须""不得""禁止"等字样出现。强制性规定可以分为效力性规定和管理性规定等，效力性规定主要来自公法，但也有少部分来源于私法；而管理性规定则完全来自公法。违反效力性规定的后果是民事法律行为无效，而违反管理性规定则不会导致民事法律行为无效。

【对点案例】

> 老陈因为资金需要,但是银行又不贷款给他,于是他去找了放高利贷的洪某,洪某要求按照 100 元/(万·日)的利率支付利息,并且利息先在本金中扣除。这样订立的合同有效吗?

(二)违反公序良俗的合同

公共秩序是指法律秩序,善良风俗是指法律秩序之外的道德。违反公序良俗即损害了公共利益,导致合同无效。违反公序良俗的类型主要包括:

(1)违反性道德合同,例如换妻合同、代孕合同、为了维持婚外性关系而订立的赠与合同、为了结束婚外情关系而签订的分手费合同等;

(2)违反婚姻伦理合同,如妨害婚姻自由约定"分手后一年内不得结婚,否则赔偿精神损失 10 万元";

(3)违反家庭伦理合同,如断绝父子关系的协议;

(4)贬损人格尊严的合同,如雇佣合同中约定员工向领导下跪的条款;

(5)过度限制自由合同,如雇佣合同中约定劳动者几年内不得生育;

(6)践踏宪法基本权益合同,如约定工伤概不负责;

(7)违反公平竞争合同,如限制市场价格的合同;

(8)政府特许之外的射幸合同,如赌博合同、私设六合彩。

(三)恶意串通的合同

《民法典》第一百五十四条规定,"行为人与相对人恶意串通,损害他人合法权益的民事法律行为无效。"恶意串通系违背善良风俗的一种"特例"。成立恶意串通的要件包括:合同客观上损害了他人的合法权益；合同双方当事人主观上有意思联络；法律行为当事人具有损害他人合法权益的"意思表示恶意"。

第三节　合同的履行

一、合同履行的原则

当事人签订的合同的最终目的就是为了履行，合同的履行才是获取合同利益的途径。合同的履行有以下原则。

（一）全面履行原则

全面履行原则是指合同成立生效以后，合同债务人应当按照合同约定，并依照法律的规定，全面、适当地履行合同义务。合同的义务包括约定的义务和法定的义务。债务人不履行或者不适当履行主给付义务、从给付义务、附随义务的，又无免责事由的，应承担违约责任。

（二）诚实信用原则

合同当事人应该根据合同的性质、目的和交易习惯履行通知、协助、保密等合同附随义务。有些义务虽然没有在合同中以文字的方式确认，但是根据诚信原则仍要履行。非违约方也负有防止损失扩大的义务，即一方违约时，另一方应当采取措施避免或者减少损失，否则无权就扩大的损失要求赔偿。

【对点案例】

> 老陈与老张订立了红薯销售合同，约定老张3月1日去拉货，结果老张违约了，此后几天一直下大雨，此时，作为出卖人的老陈不能放任红薯在地里腐烂，还是要尽到该尽的损失减少义务。在合同的履行过程中，双方都应依据诚信原则，给对方提供必要的方便。

(三) 绿色原则

当事人在履行合同过程中，应当避免浪费资源、污染环境和破坏环境。例如合同债权人不得单方面要求"过度包装"；履行合同过程中会释放噪声，双方不得约定债务人通宵施工。

二、合同履行的内容

合同的履行内容就是履行合同义务，合同的义务包含给付义务、附随义务、不真正义务。

(一) 给付义务

给付义务包括主给付义务和从给付义务。主给付义务是指合同固有、必要且决定合同类型的基本义务。如买卖合同中出卖人交付、移转标的物所有权的义务，买受人支付价款的义务。从给付义务指本身不具有独立意义，不决定合同的类型，仅具有辅助主给付义务的功能，确保债权人的利益能够获得最大限度满足的义务。从给付的义务可以通过条款的形式予以确认，也可以通过诚信原则确认。

(二) 附随义务

附随义务指在债之关系发展过程中，基于诚实信用原则，参酌交易习惯，依其情形，债务人负担的通知、协助、保密、忠实、保护等义务。附随义务的功能：一是促进实现主给付义务，使债权人的给付利益获得最大满足；二是维护对方人身或财产等固有利益。

附随义务主要包括：

(1) 先合同义务，违反的话是一种缔约过失责任或者侵权责任；

(2) 合同履行中的附随义务，即债务人负担的通知、协助、保密、忠实、保护等义务；

(3) 后合同义务，指合同履行结束后，应该履行的通知、协助、保密、忠实、保护等义务。

(三) 不真正义务

不真正义务是一种强度较弱的义务，债务人不履行不真正义务的，债权人不得诉请强制履行，债权人亦不得主张损害赔偿，债务人须因此遭受自己之权利减损或者权利丧失不利后果的一种义务。主要包括以下类型。

1. 合同债权人的减损义务

即当事人一方违约后，对方应当采取适当措施防止损失的扩大，没有采取适当措施致使损失扩大的，不得就扩大的损失请求赔偿，当事人因防止损失扩大支出的合理费用由违约方负担。

2. 买受人的及时检验通知义务

出卖人交付标的物有瑕疵的，买受人未在约定或者法定时间内检验并提出异议的，视为出卖人交付的标的物无瑕疵，买受人丧失请求出卖人承担违约责任的权利。

3. 收货人的及时检验通知义务

货物运输合同中，收货人在约定的期限或者合理期限内对货物的数量、毁损等未提出异议，视为承运人已经按照约定交付了货物。

4. 寄存人的告知义务

寄存人交付的保管物有瑕疵或者根据保管物的性质需要采取特殊保管措施的，寄存人应该将有关情况告知保管人。

三、合同漏洞的补充

在已经成立的合同中，对于应当明确的合同事项，如果合同当事人没有约定或者约定不明确，这属于合同漏洞。对于这样的合同漏洞，应当依照合同漏洞的填补规则进行填补。需要注意的是，这里应当明确的事项可以包括一些非必要条款，但合同的必要条款必须明确。如果合同的必要条款不确定，那么该合同将不成立。

合同漏洞的补充顺序按照以下规则填补：第一步要协商签订补充协议，不能协商补充协议的，那就按照合同相关条款或者交易习惯确定；第二步若是有名合同则适用典型合同相关规定或其他法律关于该类合同的规定，若是无名合同，参照适用典型合同相关规定或其他法律关于与该有名合同最相类似之合同规定；第三步适用《民法典》关于质量、价格或者报酬、履行地点、期限的相应规定。

1. 质量

质量要求不明确的，按照强制性国家标准履行；没有强制性国家标准的，按照推荐性国家标准履行；没有推荐性国家标准的，按照行业标准履行；没有国家标准、行业标准的，按照通常标准或者符合合同目的的特定标准履行。

2. 价款或者报酬

价款或者报酬不明确的，按照订立合同时履行地的市场价格履行；依法应当执行政府定价或者政府指导价的，依照规定履行。

3. 履行地点

履行地点不明确，给付货币的，在接受货币一方所在地履行；交付不动产的，在不动产所在地履行；其他标的，在履行义务一方所在地履行。

4. 履行期限

履行期限不明确的，债务人可以随时履行，债权人也可以随时请求履行，但是应当给对方必要的准备时间。

5. 履行方式

履行方式不明确的，按照有利于实现合同目的的方式履行。

6. 履行费用的负担

履行费用的负担不明确的，由履行义务一方负担；因债权人原因增加的履行费用，由债权人负担。

第四节　合同责任

一、缔约过失责任

缔约过失责任是指在合同订立过程中，乙方因违背其诚实信用原则所产生的义务，导致信赖利益损失而应当承担的赔偿责任。

（一）缔约过失责任的构成要件

（1）缔约一方违反先合同义务。先合同义务，是自缔约人双方为签订合同而互相接触磋商开始产生的注意义务，而非合同有效成立而产生的给付义务。

（2）违反先合同义务的一方具有过错。违反先合同义务的一方当事人具有故意或过失都应承担责任。

（3）对方当事人受有损失。这种损失的性质是信赖利益的损失，包括直接损失（缔约费、准备履行支出费用）和间接损失。缔约过失责任的赔偿范围不应超过合同履行利益，即受害方所能获得的最大利益不应超过合同完全履行时所能得到的利益。

（4）违反先合同义务与该损失之间有因果关系。

（二）缔约过失责任的具体表现形式

根据《民法典》第五百条的规定，缔约过失责任的表现形式有：

（1）假借订立合同，恶意进行磋商；

（2）故意隐瞒与订立合同有关的重要事实或者提供虚假情况；

（3）有其他违背诚信原则的行为。

（三）缔约过失责任的赔偿范围

缔约过失责任的责任方式是损害赔偿，赔偿范围通常为信赖利益的损害。所谓信赖利益的损害，是指相对人因信赖合同会成立、生效或者履行而遭受的损害。信赖利益的损害包括受损方的直接损害和机会利益损害。机会利益的损失证明相对较难，司法实践中支持者不多，一般认为，信赖利益损害的赔偿以不超过履行利益为限。

二、违约责任

（一）违约责任归责原则

《民法典》第五百七十七条规定，当事人一方不履行合同义务或者履行合同义务不符合约定的，应当承担违约责任。这个条款明确了违约责任采取的是无过错责任，即合同当事人，只要其行为与合同约定的不符，不管当事人本身是不是有过错的，都可以构成违约责任。这个是违约责任的普遍原则。但是也有例外，即合同明文约定或者法律明确规定，将过错作为违约责任承担的要件的，违约责任承担以一方当事人有过错为条件。《民法典》第七百一十四条规定，承租人应当妥善保管租赁物，因保管不善造成租赁物毁损、灭失的，应当承担赔偿责任。

三、违约行为的形态

违约责任的形态包括预期违约和实际违约。

（一）预期违约

预期违约是指当事人一方明确表示或者以自己的行为表明不履行合同义务的，另一方可以在履行期限届满前请求其承担违约责任。预期违约包括明示毁约与默示毁约。

明示毁约是指在履行期届满前，债务人无正当理由明确肯定地表示，其将不履行合同主要义务的违约形态，明示毁约的构成要件包括：

（1）债务履行期尚未届至；

（2）合同债务人明确肯定地向对方表示履行期到来后将不履行合同义务；例如甲欠乙 100 万元，约定了还款期限，在期限没有到期的时候，甲告诉乙自己这 100 万元不会还了；

（3）表示不履行的是合同的主要义务；

（4）无正当理由，如不可抗力等法律明确规定可以减免违约责任的事项。

默示毁约指在履行期间届满前，债权人有确切的证据证明，在合同履行期届满时，债务人将不履行或不能履行债务，且债务人拒绝为履行债务提供相应担保的违约形态。构成要件包括：

（1）债务履行期尚未届至；

（2）合同债务人以行为明确表示将不会履行合同义务，例如甲欠乙100万元，还款期未届满时，甲已经负债累累，被很多债权人起诉，此时，有理由相信甲后期无法还款；

（3）合同债权人需有证据证明合同债务人的行为表明其将不履行合同义务，此时的举证责任在债权人。例如乙知道甲负债累累，可以调取甲被法院强制执行的情况；

（4）将不履行合同义务的一方未提供担保。如果甲已经负债累累，但是他觉得一定要偿还乙的钱，于是将自己剩余的首饰质押给乙，获得首饰质押的乙就不能以预期违约要求甲在履行期限届满前承担违约责任。

（二）实际违约

实际违约是指债务履行期届满后，债务人无正当理由未全面、不适当履行合同义务的，为实际违约。实际违约即以债务到期后，以实际行为表明违约。实际违约包括拒绝履行、迟延履行和不完全履行三个类型：

（1）拒绝履行指履行期限到来之后，合同债务人无正当理由拒绝履行合同债务的行为；

（2）迟延履行包括迟延给付和迟延受领；

（3）不完全履行是指债务人虽有履行行为，但在履行数量、质量、方式、地点等方面存在瑕疵。

四、违约责任的形态及适用

违约责任的形态是指违约方承担违约责任的具体方式，我国《民法典》规定的违约责任形态有七种，具体如下。

（一）要求实际履行

实际履行是指债务人违反合同义务时，应当依照另一方的请求，依据合同规定，继续履行其所承担的合同义务的违约责任。在外观上，实际履行的内容依然是合同约定或者法律规定的合同义务。本质上，违约方承担的实际履行义务系对其违约行为承担的违约责任。实务中，实际履行最主要发生在金钱债务违约问题中，实际履行一方当事人未支付价款、报酬、租金、利息的，可以请求法院要求其继续支付。在很多案件中，因为继续履行不能，非违约方要求违约方继续履行的诉讼请求，一般不会得到法院的支持。例如在房屋买卖合同中，出卖方的房屋已经被法院查封，买受人仍要求继续履行过户义务，法院不会支持其诉求，因为无法继续履行。

（二）采取补救措施，包括修理、更换、重做

非违约方有权要求违约方采取补救措施。例如在住宿服务合同中，民宿提供的房间出现卫生或者安全问题，顾客可以要求清洁房间、消除安全隐患甚至更换房间。

（三）支付违约金

违约金是为了弥补一方当事人的损失的赔偿方式，包括惩罚性违约金和补偿性违约金。我国除了法律特别规定，违约金原则上都是补偿性违约金。

约定的违约金过分高于造成的损失的，人民法院或仲裁机构可以根据当事人的请求适当减少。是否属于过分高于因违约造成的损失，由法官自由裁量。但一般而言，违约金高于损失30%以上的，可以认定为过分高于违约造成的损失。

约定的违约金低于造成的损失的，人民法院或仲裁机构可以根据当事人的请求增加违约金的，增加后的违约金数额以不超过实际损失为限，增加违约金后当事人又请求对方赔偿损失的，人民法院不予支持。也就是说违约金的增加已经弥补了当事人的损失，就不能再请求赔偿损失。

（四）定金罚则

定金，是指当事人约定的，为保证债权的实现，由一方在履行前预先向对方给付的一定数量的货币或者其他代替物。定金是担保的一种。由于定金是预先交付的，定金的数额在事先也是明确的，

因此通过定金罚则的运用可以督促双方自觉履行，起到担保作用。定金的数额由当事人约定，但是，在能够确定主合同标的额的前提下，约定的数额不得超过主合同标的额的20%。如果超过，则超过的部分不产生定金的效力，应当予以返还或者按照约定抵作价款，但未超过的部分仍然产生定金效力。

定金合同是实践合同，自实际交付定金时才成立。定金交付的时间由双方当事人约定。当事人订立定金合同后，不履行交付定金的约定的，不承担违约责任。定金合同是一种从合同，主债权债务合同无效、被撤销或者确认不发生效力，定金合同也随之无效或者不发生效力。定金与违约金不得同时适用，非违约方只能选择其一适用。

【对点案例】

1. 甲乙签订了定金合同，约定甲方以50万元的价格向乙方购买车辆，定金15万元，结果甲方支付了10万元的定金。本案中，应按10万元适用定金罚则。定金是实践性合同，且约定的15万元金额超过了总标的的20%，即使甲全部支付了15万元，那其中10万元适用定金罚则，另外5万元作为预付款。

2. 甲乙双方约定甲方以50万元向乙方购买二手车，甲方支付定金5万元，双方同时约定违约金8万元。如果甲方违约，乙方只能选择要求没收定金5万元，或者要求甲方承担违约金8万元，定金和违约金不能同时适用。

【小贴士】

"定金"与"订金"的区别

"定金"是指当事人约定由一方向对方给付的，作为债权担保的一定数额的货币，它属于一种法律上的担保方式，目的在于促使债务人履行债务，保障债权人的债权得以实现。签合同时定金必须以书面形式进行约定，同时还应约定定金的数额和交付期限。定金的数额在法律上有一定限制。《民法典》担保法篇规定定金数额不超过主合同标的额的20%。给付定金的一方如果不履行债务，无权要求另一方返还定金；接受定金的一方如果不履行债务，需向另一方双倍返还定金。债务人履行债务后，依照约定，定金应抵作价款或收回。

而对"订金"，目前法律上没有明确规定，一般被视为"预付款"。订金的数额依当事人之间自由约定，法律一般不作限制。订金不具有担保性质，交付和收受订金的当事人一方不履行合同债务时，不发生损失或双倍返还预付款的后果，订金仅可作损害赔偿金。在合同签订过程中，有些个人或企业利用对方当事人法律知识的欠缺，故意设下陷阱，将"定金"写成"订金"，以规避定金罚则。因此，为避免损失，与他人签订合同时，一定要区分清"定金"和"订金"。

（五）赔偿损失

当事人一方不履行合同义务或者履行合同有不符合约定，造成对方损失的，损失赔偿额应相当于因违约所造成的损失，包括合同履行后可以获得的利益。特殊情况下，除了实际损害外，受害方还可以要求获得惩罚性赔偿。

如果违约行为在给对方造成损失的同时，还给对方带来了收益，或者给对方减少了费用的支出，则在计算损害赔偿的数额时应当减去该收益或者节约的费用。

所谓惩罚性损害赔偿是指承担了填补受害人遭受的全部实际损失之外，根据法律的明确规定，另行主张的损害赔偿责任。惩罚性损害赔偿仅限于法律明文规定的特定情形，且均要求特别的构成要件。其设置的目的在于阻止类似的违约行为或者侵权行为在未来发生的概率。例如《消费者权益保护法》《食品安全法》等法律规定了一些惩罚性损害赔偿责任。

（六）请求减少价款或报酬

减价请求权主要存在于买卖合同中，如果出卖人交付的标的物具有质量瑕疵，买受人可选择请求出卖人承担减少价款的违约责任。也就是说，减价请求权仅适用于出卖的标的物具有质量瑕疵，而标的物的价值因该瑕疵而减少的情形。

第五节　常见涉农合同

【法谚法语】

> "一份不公平的合同也好过一场冗长的官司。"
> ——（德）谚语

一、买卖合同

买卖是商品交换最普遍的形式，也是农业中最常用的一种合同。买卖合同是一方转移标的物所有权于另一方，另一方支付价款的合同，转移所有权的一方为出卖人（买方），支付价款而取得所有权的一方为买方（买受人）。

（一）买卖合同的特征

1. 买卖合同是有偿合同

买卖合同的实质是以等价有偿方式转让标的物的所有权，即出卖人转移标的物的所有权于买方，买方向出卖人支付价款。这是买卖合同的基本特征，使其与赠予合同相区别，是有偿民事法律行为。

2. 买卖合同是双务合同

在买卖合同中，买方和卖方都享有一定的权利，承担一定的义务。其权利和义务存在对应关系，即买方的权利就是卖方的义务，买方的义务就是卖方的权利，是双务民事法律行为。

3. 买卖合同是诺成合同

买卖合同自双方当事人意思表示一致就可以成立，不以一方交付标的物为合同的成立要件，当事人交付标的物属于履行合同。

4. 买卖合同一般是不要式合同

通常情况下，买卖合同的成立、有效并不需要具备一定的形式，但法律另有规定者除外。

（二）买卖合同的内容

1. 出卖人的主要义务

（1）交付标的物。交付标的物是出卖人的首要义务，也是买卖合同最重要的合同目的。标的物的交付可分为现实交付和观念交付。现实交付是指标的物交由买受人实际占有；观念交付包括返还请求权让与、占有改定和简易交付。

（2）转移标的物的所有权。买受人的最终目的是获得标的物的所有权，将标的物所有权转移给买受人是出卖人的另一项主要义务，这也是买卖合同区别于其他涉及财产移转占有的合同的本质特性之一。

（3）瑕疵担保义务。出卖人对其所转让的财产负权利瑕疵和物的瑕疵的担保义务。

权利瑕疵担保义务是指出卖人就其所移转的标的物，担保不受他人追夺以及不存在未告知权利负担的义务。例如张三将自家农产品卖给李四时，必须保证在此之前没有卖给第三人。

物的瑕疵担保义务是指出卖人就其所交付的标的物具备约定或法定品质所负的担保义务。即出卖人须保证标的物移转于买受人之后，不存在品质或使用价值降低、效用减弱的瑕疵。标的物欠缺约定或法定品质的，称为物的瑕疵。依其被发现的难易程度，物的瑕疵可划分为表面瑕疵和隐蔽瑕疵。

认定物的瑕疵的标准，合同有约定的，依合同约定；如无约定而由出卖人提供标的物的样品或有关标的物的质量说明的，以该样品或说明的质量标准为依据。不存在上述两种依据时，如当事人事后协商标准，依协商标准；如无协商标准，按照合同的有关条款或交易习惯所确定的标准。如标准仍不能确定的，按照国家标准、行业标准履行；没有国家标准、行业标准的，按照通常标准或者符合合同目的的特定标准履行。例如张三将自家农产品卖给李四时，要保证其提供的农产品符合安全标准，不存在如腐烂、变质等问题。

标的物瑕疵应由出卖人负担保义务时，如有瑕疵，买受人可以请求减少价款，也可以要求出卖人更换、修理，或者自行修理，费用由出卖人负担。因标的物的瑕疵使合同目的不能实现时，买受人可以拒绝接受标的物或者要求解除合同。

2. 买受人的主要义务

（1）支付价款。价款是买受人获取标的物所有权的对价。依合同的约定向出卖人支付价款，是买受人的主要义务。买受人须按合同约定的数额、时间、地点支付价款，并不得违反法律以及公共秩序和善良风俗。合同无约定或约定不明的，应依法律规定、参照交易惯例确定。

（2）受领标的物。对于出卖人交付标的物及其有关权利和凭证，买受人有及时受领义务。

（3）对标的物检查通知的义务。买受人受领标的物后，应当在当事人约定或法定期限内，依通常程序尽快检查标的物。若发现应由出卖人负担保责任的瑕疵时，应妥善保管标的物并将其瑕疵立即通知出卖人。

【对点案例】

【案情简介】乐东某农业有限公司，主营业务为销售农药、化肥等农产品。陈某俏为满足农业生产需要，经常向乐东某农业有限公司购买农用物品。2020年12月13日至2021年1月2日，陈某俏在乐东某农业有限公司处购买有关农用物品金额共计46 740元。2021年2月9日，陈某俏向乐东某农业有限公司出具了一份《欠据》。陈某俏在支付1万元农产品货款后，剩余36 740元迟迟未能支付。乐东某农业有限公司通过微信、电话、上门多种途径多次催告，但陈某俏仍未依约结清。

【案例评析】本案是一起典型的买卖合同引发的纠纷，乐东某农业有限公司作为出卖人按照合同履行了交付农产品的义务，而陈某俏作为买受人没有按照合同约定如期履行支付全部价款义务，构成违约，乐东某农业有限公司有权起诉至法院要求其偿还剩余价款。

【法律文本示例】

蔬菜买卖合同

买方：_____，证件号码：_____，
住所：_____，联系电话：_____。
卖方：_____，证件号码：_____，
住所：_____，联系电话：_____。

依据相关法律法规的规定，甲乙双方在平等、自愿、公平、诚实信用的基础上，就蔬菜买卖等有关事宜经协商达成一致，并签订本合同。

第一条 品种、数量及价格（可另附表）

品种	规格	产地	商标	交货期限	数量 （千克）	单价 （元/千克）	金额 （元）

合计金额（大写）：　　　　　　　　　　　　　　小写：

第二条　质量要求

蔬菜的产品质量按下列第_____项标准执行：

（一）有机食品标准。

（二）绿色食品标准。

（三）_____安全卫生优质农产品地方标准。

（四）约定标准_____。

第三条　包装要求

（一）包装方式及要求_____。

（二）包装物由_____方提供，费用由_____方承担。

第四条　交付和货款支付

（一）交付的方式按下列第_____项执行：

1. 实行送货的，甲方应按合同约定的时间段送至_____。

2. 实行提货的，乙方应按合同约定的时间段至_____提货。

（二）货款的支付按下列第_____项执行：

1. 交付时结清。

2. 乙方应于蔬菜交付之日起_____日内支付货款。

3. 合同签订后，乙方支付甲方定金_____元；甲方交付蔬菜后，乙方应于蔬菜交付之日起_____日内支付货款，定金抵作货款或返还。

4. 其他方式_____。

第五条　验收

（一）乙方应在蔬菜交付当日对蔬菜进行验收（农药残留的检

测除外）并将验收结果书面通知甲方。

（二）乙方对蔬菜农药残留进行抽检，检测结果不合格，且甲方无异议的，乙方可予以销毁。甲方对检测结果有异议，以有法定资质的检测机构出具的检验结果为准。

第六条 合同的变更

（一）当市场价格高于或低于合同约定价格的_____%时，双方可对蔬菜价格进行重新协商。

（二）因气候等因素造成无法按合同约定的时间交货的，双方可另行协商。

第七条 违约责任

（一）交付的蔬菜品种、规格、产地、质量不符合合同约定的，乙方有权要求甲方调换，交付蔬菜的数量不符合合同约定的，乙方有权要求甲方补齐，给乙方造成损失的，甲方应负责赔偿。

（二）甲方迟延交货的，每迟延一日，应支付乙方约定批次价款额_____%的违约金；乙方逾期提货的，每迟延一日，应支付甲方约定批次价款额_____%的违约金。

（三）乙方逾期支付货款的，每迟延一日，应支付甲方迟延货款额_____%的违约金。

（四）乙方逾期提货超过_____天（因品种而定提货期）的，甲方有权自行处理，乙方承担损失。

（五）因包装物质量不符合要求造成损失的，由包装物提供方承担相应损失。

（六）其他_____。

第八条 其他约定事项
_____

第九条 合同争议解决方式

本合同在履行过程中发生的争议，由双方当事人协商解决或申请有关部门调解，或按下列第_____种方式解决。

1. 提交_____仲裁委员会仲裁。

2. 依法向_____人民法院起诉。

第十条 合同经双方签字盖章（签字捺印）之日起生效，本合同一式_____份，甲乙双方各执_____份。

第十一条 本合同未尽事宜，由双方共同协商签订补充协议。补充协议与本合同具有同等法律效力。

甲方：（签字/盖章）　　　　乙方：（签字/盖章）

法定代表人/授权代表：　　　法定代表人/授权代表：
　年　　月　　日　　　　　　年　　月　　日

二、借款合同

借款合同是借款人向贷款人借款，到期返还借款并支付利息的合同。借款合同又称为借贷合同，按照合同的期限不同，可以分为定期借贷合同，不定期合同、短期贷款合同、中期贷款合同，长期借款合同。按照合同的行业对象不同分为工业借贷合同、商业借贷合同和农业借贷合同。按照所借对象不同分为民间借贷合同和信贷合同。借款合同的权利义务内容如下：

1. 出借人的权利

（1）有权请求返还本金和利息。

（2）对借款使用情况的监督检查权。

（3）停止发放借款、提前收回借款和解除合同权。借款人未按照约定的借款用途使用借款的，出借人可以停止借款、提前收回借款或者解除合同。

2. 借款人的权利

（1）提供真实情况。订立借款合同，借款人应当按照出借人的要求提供与借款有关的业务活动和财务状况的真实情况。

（2）按照约定用途使用借款。合同对借款有约定用途的，借款人须按照约定用途使用借款，接受出借人对借款使用情况实施的监督检查。借款人未按照约定的借款用途使用借款的，出借人可以停止借款、提前收回借款或者解除合同。

（3）按期归还借款本金和利息。当借款为无偿时，借款人须按期归还借款本金；当借款为有偿时，借款人除须归还借款本金外，还必须按约定支付利息。

【小贴士】

借条 or 欠条？失之毫厘，差之千里

随着市场经济的发展，民间资金流动日渐频繁，民间借贷已然成为一种常态。欠条、借条是工作生活中常见的条据。

表面上看，二者极为类似，生活中大家也常常将二者混为一谈，一般情况下也不会有何异议。可一旦产生纠纷，借条和欠条虽只有一字之差，但其法律含义却相差甚远。

借条是借、贷双方在设立权利义务关系时，由借用人向出借人出具的债权凭证。它是由出借人实施将自己的钱、物借给借用人的行为所引起的，一般用来证明借用或者借款关系。

欠条是交易过后产生应付账款的一方（债务人）向债权人开具的证明其欠款事实同时表明开具人有到期"还款赎条"义务的凭证。欠条是对以往双方经济往来的一种结算，表明自欠条形成之日起双方之间形成的一种新的纯粹的债权债务关系。

具体而言，借条与欠条的区别如下：

（一）产生原因不同

借条，简单说就是甲向乙借钱时出具的一个凭证，表示甲借了乙这么多钱，借条背后的事实是借款。所以借条代表的是一次交易行为。

欠条，是因为甲自身原因不能按时偿还对乙的债务而出具的凭证，欠条背后的原因很多，如买卖合同产生的欠款、侵权赔偿产生的欠款、劳务产生的欠款甚至租房产生的房租欠款等。欠条代表的是一次债务结算结果。

（二）诉讼时效不同

如果借条和欠条写清了还款期限，那二者的诉讼时效是一样的，就是还款期限为三年，如果借条和欠条未写明还款期限就借条而言，没有约定还款期限的借条，出借人可以在20年内随时要求借款人还款。但是一旦要求，这一天就视为还款日，次日起3年的诉讼时效就开始计算。3年内如果再没有催，也会导致诉讼时效届满。就欠条而言，如未约定还款期限，从出具欠条次日起，3年的诉讼时效就开始起算，也就是说写下欠条次日3年的倒计时就开始了。

（三）举证责任与诉讼风险不同

当借条持有人凭借条向法院起诉后，由于通过借条本身较易于辨识和认定当事人之间存在的借款事实，举证时，借条持有人一般只需向法官简单地陈述借款的事实经过即可。

但是，当欠条持有人凭欠条向法院起诉后，欠条持有人必须向法官陈述欠条形成的事实，如果对方对此事实进行否认、抗辩，欠条持有人必须进一步举证证明存在欠条形成事实，否则有可能承担败诉的风险。

根据以上内容介绍，已经充分说明了借条与欠条之间的不同。为了更好地维护自身合法利益不受侵害，借条应当是首选，但是在书写借条时，也要尽量周全，避免为日后的维权带来不便。

三、租赁合同

租赁合同是指出租人将租赁物交付给承租人使用、收益，承租人支付租金的合同。在当事人中，提供物的使用或收益权的一方为出租人；对租赁物有使用权或收益权的一方为承租人。凡是当事人需要取得对方标的物的临时使用、收益而无须取得所有权，并且该物不是消耗物，都可以适用租赁合同。

（一）租赁合同中当事人的权利与义务

在租赁合同中，出租人的主要义务包括：

（1）租赁物交付和保持义务；
（2）出租物的保全保障义务；
（3）出租物的维修义务；
（4）权利瑕疵担保义务。

承租人的主要义务包括：
（1）按照约定适用与按性质使用租赁物；
（2）妥善保管义务；
（3）不任意改善、增设的义务；
（4）未经出租人同意不擅自转租的义务；
（5）租金支付义务。

【对点案例】

【案情简介】一天，上海的王先生意外收到 Booking 网站的一封邮件，标题显示他获得了 2018 年好评住宿奖。王先生很纳闷，Booking 网站可是全球知名的住宿预订平台，自己也没在那发布过租赁信息，怎么就获奖了呢？是不是发错邮件了？王先生点开邮件，只见颁发的奖状上写着：2018 年该住宿为太多客人带去了珍贵的记忆，赞美之声不绝于耳。王先生仔细一看，得奖的房子确实是自己的，但是明明只租给了陶先生一家，前不久才退租，并没有做成民宿。王先生思来想去，回忆起之前物业经常打电话询问有人到访、是否需要放行，租客陶先生总说是亲戚来串门，自己也就没太在意，原来他竟把房子挂到 Booking 网站上转租了。

当初双方签订租赁合同时明确约定了该房不得转租、群租，陶先生违反约定转租赚钱，这让王先生很气愤，便没收了陶先生的房租押金 7 500 元，并通知陶先生。双方交涉无果，陶先生将王先生告上法庭，请求法院判决王先生返还押金 7 500 元。

> 【案情评析】《民法典》第七百一十六条:"承租人未经出租人同意转租的,出租人可以解除合同。"规定中的"同意",既包括事前的允许,也包括事后的追认。本案中,双方在《房屋租赁协议》中明确约定房屋不得转租,事后承租人虽多次否认其转租行为,但出租人在知晓承租人转租行为后及时提出异议,并提供证据证明转租事实,因此,出租人有权要求承租人承担违约责任。通过本案也提醒大家在出租房屋时,出租人可在合同中明确约定是否同意转租以及违约转租的后果,在发现承租人擅自转租时,应在法律规定自知道或者应当知道转租事宜的6个月内提出异议,维护自身合法权益。

(二)买卖不破租赁

"买卖不破租赁"原则是指房屋因买卖导致所有权发生变动时不影响已经存在的租赁合同的效力,承租人可以按照原租赁合同,继续承租房屋。

适用买卖不破租赁需要满足以下四个构成要件:

(1)租赁物所有权转让时,已经存在合法有效的租赁合同,即合法承租在先,所有权变更在后;

(2)租赁物已经交付给承租人使用;

(3)租赁物所有权被出租人转让给第三人;

(4)租赁物所有权的变动发生在合同约定的租赁期内。

买卖不破租赁的例外情形:

(1)房屋在出租前已经设立抵押权,因抵押权人实现抵押权发生所有权变动的。抵押权人通过变卖、拍卖等获得清偿而实现抵押权后,成立在后的租赁关系对受让人无约束力,承租人无权要求继续履行原承租合同;

(2)房屋在出租前已经被人民法院查封的。由于查封的目的是债权人实现债权,不动产被查封后,所有权人或使用权丧失了对动产不动产的处分,因此,签订的租赁合同无效。

【对点案例】

【案情简介】2018年,李某因刑事犯罪被判刑,其名下的某高档小区房屋被法院依法变价处理。2020年,买受人邱某通过司法拍卖网络平台以竞拍价竞得该房产,两个月后,邱某取得房产登记证书,成为该房产新的所有权人。但随后邱某发现,房屋内有人居住,自己花大价钱拍来的房屋却无法正常使用,遂与居住人倪某协商要求其按照市场价格支付房租或腾退。但倪某既不同意按市场价支付房租,也拒绝腾退,并出示房屋租赁合同、物业费和电费发票等材料以证明"买卖不破租赁"。无奈之下,邱某将倪某诉至法院要求其腾退涉案房屋。

【案例评析】本案是一起"买卖不破租赁"原则适用的典型案例。倪某与李某签订的租赁合同发生在司法拍卖之前,即租赁合同签订先于房屋物权变动,因此,适用买卖不破租赁,租赁合同继续有效。但实践中,还存在房屋原所有人与第三人恶意串通,为逃避司法拍卖和债务,损害现房屋所有权人的利益。

四、运输合同

运输合同是承运人将旅客或者货物从起运地点运输到约定地点,旅客、托运人收货人支付票款或者运输费用的合同。运输合同包括:客运合同、货运合同等。

运输合同是承运人将旅客或货物运到约定地点,旅客、托运人或收货人支付票运费的合同。运输合同是有偿的、双务的合同;运输合同的客体是指承接一定的货物或旅客到约定的地点的运输行为；运输合同大多是格式条款合同。

【对点案例】

【案情简介】2018年2月23日，张三和平安物流公司签订货物运输合同：由平安物流公司承运海南西瓜3 500千克；终点站为台州黄岩客运站。商定的当天原告将3 500千克西瓜交给平安物流承运并按时支付货物运费10 000元。2018年2月29日该批西瓜到达，经台州黄岩运输车站检查发现集装箱后面调温室无门锁，可自由开启，调温室内温度控制箱箱门开启，冷板温度显示表和箱内温度显示表失灵，调温机不工作，里面西瓜因温度过高，大量的变质、腐烂。张三知晓后要求平安物流公司赔偿。

【案例评析】本案中张三与平安物流公司之间形成运输合同法律关系，作为托运方的张三已经按期支付价款，已尽到相应义务，而作为承运方应当按照合同规定的时间、地点，把货物运输到目的地，平安物流公司的工作人员在运输过程中没有及时检查车辆调温机，导致西瓜在运输过程中出现变质、腐烂，属于未尽到保障货物安全的义务，应承担相应的赔偿责任。

五、承揽合同

承揽合同是日常生活中除买卖合同外常见和普遍的合同，《民法典》第七百七十条规定，承揽合同是承揽人按照定作人的要求完成工作，交付工作成果，定作人支付报酬的合同。承揽包括加工、定作、修理、复制、测试、检验等工作。在承揽合同中，完成工作并交付工作成果的一方为承揽人。接受工作成果并支付报酬的一方称为定作人。在日常生活中,如果合同中没有以承揽人、定作人指称双方当事人,也不影响对其法律性质的认定。承揽合同的承揽人可以是一人,也可以是数人。在承揽人为数人时,数个承揽人即为共同承揽人,如无相反约定,共同承揽人对定作人负连带清偿责任。

六、委托合同

委托合同是指受托人为委托人办理委托事务,委托人支付约定报酬或不支付报酬的合同。委托合同是典型的劳务合同。受托人以委托人的费用办理委托事务。委托合同具有人身性质,以当事人之间相互信任为前提。委托合同既可以是有偿合同,也可以是无偿合同。委托合同是诺成的、双务的合同。实践中常见的如农户委托他人代为销售农产品。

第五章　涉农金融法律制度

【法谚法语】

"法律就是秩序,有良好的法律才有好的秩序。"
——(古希腊)亚里士多德

随着乡村振兴深入推进,以及农业农村现代化建设的进一步加强,乡村建设行动对金融的需求不断增加,要进一步落实金融服务乡村振兴各项政策措施,通过创新金融服务乡村振兴新政策、新业态和新模式,加快农业保险政策创新,为乡村振兴提供有力保障。农村金融法律制度主要包括商业银行法、社会保险法、信托法,主要领域涉及的常见法律问题包括商业贷款、商业保险、金融租赁等。

第一节　商业贷款

【案例导入】

李明是一位从事现代农业经营的农民,他拥有一块面积为50公顷的耕地,用于种植高产小麦。为了扩大生产规模,李明向当地农业银行申请了一笔总额为200万元的贷款,用于购买先进的农用机械和改良种子。根据与银行签订的农业贷款合同,贷款年利率定为5%，贷款期限为3年，每年等额本金偿还方式还款。此外，李明以自己的耕地作为抵押，并要求他的好友赵刚作为担保人，对贷款提供担保。

【思考】假设在贷款期间，该地区受到严重自然灾害的影响，导致李明的小麦产量大幅下降，无法按时偿还贷款，他将面临哪些法律后果？

商业贷款作为金融服务的重要组成部分，为农业的发展提供了必要的资金支持和流动性保障。本节将探讨商业贷款如何服务于农业领域，以及其对推动农业现代化的作用。

一、商业贷款的概念与种类

商业贷款是指商业银行或其他具有资质的金融机构或类金融机构按一定利率和本金归还等条件，出借货币资金的一种信用活动。在农业领域常见的商业贷款形式有以下几种。

（1）流动资金贷款。用于满足农业企业在生产经营过程中的流动资金需求，如购买原材料、支付劳动力工资等。

（2）中长期贷款。主要用于农业基础设施的建设、大型机械设备的购置或农业项目的中期投资等。

（3）农业短期贷款。通常针对单个生产周期或者短期经营活动，如一季庄稼的种植。

（4）农业中长期贷款。用于支持农业结构的调整、生产方式的转变以及农村经济的长期发展项目。

（5）农副产品收购贷款。专门用于支持企业或个人收购农产品，帮助农民销售产品，保证其收入稳定。

二、农业贷款的特征与要求

（一）农业贷款的特征

（1）审批流程简化。为了促进农业发展，银行和金融机构通常会采取更加灵活的审批标准，简化申请手续，以便于农户和农业企业更容易获取贷款。

（2）贷款额度、利率与期限的适应性。农业贷款的额度通常根据农业生产的规模和需求来设定，利率可能会得到政策性优惠，期限则尽量匹配作物的生长周期或农业项目的回报周期。

（3）与农业生产周期相匹配。农业生产经营具有季节性强、周期性长等特点，因此农业贷款产品设计时会考虑与作物种植、畜牧业养殖等生产活动周期相适应。

（二）农业贷款的要求

（1）明确贷款用途。申请者需明确阐述贷款用于何种农业活动，如购买种子、肥料、农机具，或是用于农田水利建设、农产品加工等。

（2）城乡区域的差异性考虑。农业贷款应根据不同地区的农业特色和需求进行差异化配置，例如，支持城市郊区的设施农业、山区的特色种植业等。

（3）受贷主体的信用评估。虽然农业贷款门槛相对较低，但银行仍需对借款人的信用状况进行评估，确保贷款安全。

三、商业贷款合同

商业银行与借款人之间的贷款合同是一种诺成性合同，即双方就资金供求条件达成一致后，贷款人必须提供约定的资金。贷款合同的标的物为货币，而非其他消耗品或不可消耗品。贷款合同是有偿性合同，商业银行以收取利息作为放贷条件。

（一）贷款合同主体

借款人。指有资金需求向银行借款的自然人和其他组织。

贷款人。指依法设立的具有经营贷款业务资质的金融机构。

担保人。指与贷款人约定，在借款人无法履行还本付息义务时，负责偿还借款或处置担保物的第三方。

(二) 权利与义务

1. 借款人的权利与义务

借款人有权在取得贷款后，在约定用途范围内自主使用贷款；向贷款人的上级行或监管部门举报不合规情况。拒绝借款合同外附加的条件，如留存存款要求。与此同时，要求借贷人如实提供贷款材料，不得弄虚作假；接受贷款人对信贷资金使用情况的检查。按期偿还本息；贷款资金需专款专用等。

2. 贷款人的权利与义务

贷款人有权要求借款人提供担保，包括人的担保和物的担保；在借款人未按约定用途使用资金时，停止发放贷款或宣告贷款提前到期；要求借款人按合同约定还款。与此同时，有义务按合同约定的日期、金额发放贷款；不得在本金中扣除借款利息。

【小贴士】

现代"新农人"创业贷款申请的注意事项

1. 合理选择贷款种类。目前，农业银行和农商银行为农民主要开办了生产周转贷款、生产设备贷款、预购定金贷款、开发性贷款、生活贷款、抵押担保贷款等。如从事种植养殖、加工、销售、运输、服务、娱乐等所需资金，可申请生产周转贷款；购买牲畜、农机具、建畜禽圈舍、烤烟房等所需资金，可申请1～3年期生产设备贷款。

2. 申办贷款时，应首先向当地农业银行或农信社写出书面贷款申请书，贷款申请书要写明贷款用途、贷款金额、还款来源、还款时间、担保单位或担保人、抵押品名称、银行存款账号、家庭住址、营业地址、借款人身份证号码等内容，并按规定开立存款账户。

3. 经营商业、服务、饮食的个体工商户，必须持有当地工商行政管理部门发给的工商营业执照或经营许可证，并有固定的经营场地。

4. 贷款户必须有一定数量的自有资金和可靠的还款资金来源，所生产和经营品种必须符合国家政策规定，产品符合社会需要，有产销或承包合同，经营效益好，遵守《贷款通则》，接受银行信贷部门的检查监督，贷款专款专用，讲信用。

5. 个体工商户或个人专营农业、种养业大户、开发性项目等贷款户，还要找具备一定经济实力的单位或个人担保，或者以其财产、有价证券等进行抵押，当上述条件都达到后，银行再进行贷款调查、论证、审查，对符合贷款条件者，发给贷款借据，签订借款合同或抵押担保合同，即可办理借款。

第二节　农业保险

【法谚法语】

"人人为我，我为人人。"
——（法）大仲马

【案例导入】

白水乡村村民陈某作为本村的种植大户，通过多年的用心经营，积累了现金100万元，对于新时代的农民，要学会理财，学会如何通过金融手段让现金100万元增值。陈某为了扩大规模再投资需要资金200万元，在自有现金不足的情况下，又怎么通过金融手段进行融资。陈某作为农业经营者，气候条件对其经营的影响非常大，但是却又不受人为控制，为了减少风险，陈某决定购买保险来缓释自己的风险。

【思考】陈某该怎么选择保险？

在农业生产过程中，我们农民朋友将面临多种多样的风险，如自然灾害、病虫害、市场价格波动等，这些风险都可能对农民的收益和生计造成严重影响，因此，农业保险成为农民管理风险的重要工具之一。农业保险不仅能够帮助农民在遭遇损失时获得经济补偿，还能在一定程度上减轻心理压力和经济负担，推动农业生产的稳定发展。

一、农业保险的概念

农业保险，简称"农险"，是专为农业生产者在从事种植业、林业、畜牧业和渔业生产过程中，对遭受自然灾害、意外事故、疫病或疾病等保险事故所造成的经济损失提供保障的一种赔偿保险。这一概念在《农业保险条例》中有明确的定义，即保险公司根据农业保险合同，对被保险人在农业生产过程中因保险标的遭受约定的自然灾害、意外事故、疫病或者疾病等事故所造成的财产损失承担赔偿保险金责任的保险活动。保险本质上是一种合同关系，是一方当事人支付保险费另一方当事人负担赔偿财物的合同关系。

保险机制是一种通过分散风险来保护个人和企业的金融体系。它允许个人和企业通过支付保费将风险转移给保险公司，从而减轻潜在的经济损失。保险机制的核心原则是风险共担，即许多人共同承担少数人遭受的损失。

二、农业保险的特征

地域性。农业生产具有明显的地域性，不同的地区具有不同的农业生产方式和风险特点，因此农业保险也具有明显的地域性。

季节性。农业生产具有明显的季节性，不同季节的农作物和畜禽养殖面临的风险也不同，因此农业保险需要根据季节变化来制定相应的保险方案。

连续性。农业生产是一个连续的过程，从种植到收获需要经历多个阶段，因此农业保险需要提供连续的保障，以确保农业生产者在整个生产过程中都能得到保障。

政策性。农业保险通常受到政府政策的支持和引导，政府会通过补贴、税收优惠等方式来鼓励农业生产者购买农业保险，以减轻自然灾害等风险对农业生产的影响。

此外，农业保险还具有风险性高、赔付率高、承保面大等特点。

三、农业保险的种类

按农业种类可分为种植业保险、养殖业保险、水产养殖保险、林业保险、畜牧业保险、渔业保险。种植业保险以农作物为保险标的，如水稻、小麦、大豆等粮食作物和经济作物。养殖业保险：养殖业保险主要涵盖畜牧业和水产养殖业。畜牧业保险包括牲畜保险（如奶牛、马等）和家禽保险（如猪、羊、鸡等）。水产养殖保险则分为淡水养殖保险和海水养殖保险，例如对虾养殖保险、扇贝养殖保险等。林业保险主要针对森林和林木面临的自然灾害和人为风险，如火灾、病虫害等。渔业保险覆盖渔业生产过程中因自然灾害、意外事故等原因导致的损失，如渔船保险、渔业设施保险等。

按危险性质分为自然灾害损失保险、病虫害损失保险、疾病死亡保险、意外事故损失保险。自然灾害损失险是针对因地震、洪水、风暴等自然灾害导致的损失。病虫害损失保险是针对因农作物病虫害导致的损失。疾病死亡保险针对畜禽因疾病导致的死亡损失。意外事故损失保险是针对因火灾、盗窃等意外事故导致的损失。

按保险责任范围可分为基本责任险、综合险、一切险。基本险仅覆盖特定的基本风险。综合责任险覆盖更广泛的风险，通常包括多种基本责任险的内容。一切险几乎覆盖所有可能的风险，但通常不包括由被保险人故意行为或战争等不可抗力因素导致的损失。

根据经营主体不同分为商业性农业保险和政策性农业保险。商业性农业保险是由商业保险公司经营的，以盈利为目的的农业保险形式。政策性农业保险则是由政府直接组织并参与经营，或指派并扶持其他保险公司经营的，具有公益性质的农业保险。

四、农业保险合同

（一）农业保险合同主体

保险人。即农业保险的经营者，通常是具备独立法人资格并且具有保险经营资质的保险公司或依法设立的农业互助保险等保险组织。主要职责是按照合同约定，为被保险人提供风险保障，并在保险事故发生时承担相应的赔偿责任。

被保险人。即农业生产经营者，包括农民、农业生产经营组织等，是农业保险合同的另一方当事人，享有合同约定的权利，并承担支付保险费等义务。

受益人。在农业保险合同中，受益人通常指的是有权获得保险金支付的人。在大多数情况下，被保险人往往是直接承受农业灾害风险并因此可能遭受经济损失的一方，被保险人常常也是受益人。但在某些特定情况下，如被保险人指定了其他受益人或保险合同另有约定时，受益人可能并非被保险人本人。

（二）权利与义务

在农业保险合同中，保险人、被保险人和受益人之间的权利义务关系是相互约束的。

1. 保险人的权利与义务

保险人享有收取保险费的权利，并在保险事故发生时，根据合同约定对受益人（通常是被保险人）进行赔偿。与此同时，保险人需要按照合同约定承担保险责任，即在被保险人（或指定的受益人）遭受农业灾害损失时，按照合同规定的范围和标准进行赔偿。此外，保险人还有义务向被保险人（或受益人）提供相关的保险咨询和服务。

2. 被保险人（受益人）的权利与义务

被保险人（受益人）享有在保险事故发生时获得赔偿的权利，并有权要求保险人提供相关的保险咨询和服务。与此同时，被保险人需要按照合同约定支付保险费，并履行其他合同约定的义务。被保险人（或受益人）还有义务配合保险人进行保险事故的勘查和定损工作，以便及时获得赔偿。

五、保险责任

保险责任是农业保险合同的核心内容之一，它明确了保险人在何种情况下需要承担给付保险金的责任。通常保险责任包括自然灾害、疫病等原因导致的农作物损失或畜禽死亡等。免除责任则是指保险人不需要承担保险责任的情形，如被保险人的故意行为、战争等不可抗力因素等。

【小贴士】

购买保险五条"避坑"大法

一、"量体裁衣"

不同的保险产品，其风险保障、储蓄或投资功能侧重不同。消费者应当根据自身家庭状况、所处人生阶段及收入等因素，选择合适的保险产品。

二、"寻根溯源"

核实资质，增强自我保护意识。保险公司、保险专业中介机构及其从业人员不得销售非经相关金融监管部门审批的非保险金融产品。

三、"理性消费"

消费者在购买金融产品时，应当了解投资风险与投资收益成正比，不要盲目相信推销人员"保本高收益"的承诺。

四、"读懂条款"

对于密密麻麻的保险条款，购买人也应该耐心阅读，对于黑体字部分要特别注意，重点理解保险责任、责任免除、保险期限、缴费期限与金额、退保费用扣除等内容。

五、"亲笔签名"

不要在不了解保险条款的情况下随意签字，也不能在空白的投保资料上签字，更不能委托销售人员在内的其他人代为签名，或代为抄录风险提示语句。

第三节　金融租赁

【案例导入】

老陈经营农业多年，公司的规模不断扩大。为了实现机械化农业，需要购置一批农业机械设备，但是资金不足。这时有一家银行客户经理告诉老陈可以采用金融租赁。老陈不是很懂，于是向律师咨询。

【思考】老陈该如何应用金融租赁帮助自己解决困难？

金融租赁作为一种金融服务在农业领域有其独特的价值。它通过为农户和农业企业提供灵活的融资方案，有效支持先进农业技术和设备引进与应用，优化资源配置，促进农业规模化、现代化发展。

一、金融租赁的概念与特征

金融租赁，又称为融资租赁，是具有金融和贸易的双重功能，以物为载体，以物的融通实现资金融通的租赁交易活动。对这一交易活动，目前主要依据《民法典》《金融租赁公司管理法》《金融租赁公司专业子公司管理暂行规定》《关于审理融资租赁合同纠纷案件适用法律问题的解释》等相关法律法规和司法解释进行规范。金融租赁主要具有以下特征：

（1）出租人具有特定性。在我国只有经银监会批准设立的金融租赁公司和商务部批准设立的外商投资金融租赁公司和内资再金融租赁公司，才可以主营金融租赁业务。其他非银行金融机构经银监会批准，可以兼营金融租赁业务。而只有银监会批准的金融租赁公司才属于非银行金融机构，商务部批准的金融租赁公司属于一般的工商企业。本节关注的主要是前者。

（2）金融租赁包括三方当事人（出租人、承租人和供货人）和两个合同（购买合同和租赁合同）。两个合同相互衔接，互为存在条件。购买合同虽然涉及的是出租人和供货人，但购买合同的标的及与承租人相关的条款需经过承租人的认可。租赁合同虽然涉及的是出租人和承租人，但供货人需认可该合同指向的标的物即之前购买合同的标的物，并由供货人直接向承租人发货。

（3）融资中的租赁物具有实物形态，使用之后可以保持原有形态，具有相对较长的使用寿命，租赁物的价值随着时间的延续逐渐降低。

（4）租赁期间出租人具有租赁物的所有权承租人具有租赁物的使用收益权，承租人向出人支付的租金包括租赁物的购置成本、利息、营业费用和净利润四个部分。即承租人支付的是出租人融资的对价，而不仅是承租人获得租赁物使用权的对价。

（5）不可中途解约。租赁期满，承租人对租赁物有选择权，即承租人可以选择留购、续租或退回出租人。

二、金融租赁的功能

金融租赁具有融资融物的双重属性，在市场经济活动中具有以下重要作用：

（1）对于承租人的作用。通过以实物方式实现长期融资，从而减少企业为购买设备而造成的资金占用，提高资金的流动性。

（2）对出租人的作用。除了收取租赁物的租金收入获得融资对价以外，出租人还可以通过租赁享受税收和加速折旧的优惠政策。

（3）对供货人的作用。可以促进企业销售。金融租赁对供货人而言是一种营销方式，可以有效地刺激对供货人设备的市场需求。因此，金融租赁具有帮助解决企业，特别是中小企业的融资困难，扩大内需，推动产业发展的重要功能。

三、金融租赁合同

（一）金融租赁合同的主体

金融租赁涉及出租人、承租人和供货人三方当事人，出租人根据承租人对租赁物的要求和选择从供货人处购买租赁物，成为租赁物的所有者。出租人将购买的租赁物提供给承租人使用，承租人获得租赁物的使用权并按照租赁合同的约定向出租人支付一定的费用。

（二）权利与义务

1. 出租人的义务

（1）根据承租人对出卖人、租赁物的选择订立买卖合同，未经承租人同意，出租人不得改变与承租人有关的合同内容。出租人未经承租人同意，擅自变更与承租人有关的买卖合同内容的，其行为构成对金融租赁合同的违反，应向承租人承担违约责任，承租人有权拒收标的物，解除合同，并有权要求出租人赔偿损失。

（2）保证承租人对租赁物的占和使用，不得妨碍承租人对租赁物的使用收益并排除他人的妨碍；依照买卖合同的要求及时向出卖人支付货款。

（3）协助承租人向出租人索赔。出租人、出卖人、承租人可以约定，出卖人不履行买卖合同义务的，由承租人行使索赔的权利。承租人行使索赔权利的，出租人应当协助。

（4）特定情形下的瑕疵担保责任。由于金融租赁的出租人仅是按照承租人的委托购买标的物，不对租赁物实际占有，因此租赁物不符合合同约定或者不符合使用目的的，出租人一般不承担担保责任。但出租人在承租人选择出卖人、租赁物时，对租赁物的选择进行干预或擅自改变标的物的，那么出租人可能要承担特定的瑕疵担保责任。

2. 出租人的权利

（1）租赁期内对租赁财产享有所有权。承租人破产时，租赁物不属于破产财产。

（2）出租人有权要求承租人按合同规定额支付租金，并要求承租人按照合同规定的时间和方式支付。

（3）出租人有权转让其在金融租赁合同项下的部分或者全部权利，但应以不影响承租人依据租赁合同享有的各种权益为限。

（4）出租人发现承租人有严重违约行为时，有权提前终止租赁合同，回收租赁物，并按照合同要求赔偿。

3. 承租人的义务

（1）按照合同的约定及时接收供货人交付的租赁物，并按照合同的约定对租赁物进行验收，如果发现供货人交付的租赁物严重不符合约定，或者供货人未在约定的交付期间或者合理期间内交付租赁物，经承租人或者出租人催告，在催告期满后仍未交付的，可以拒绝领受租赁物，但应及时通知出租人。承租人无正当理由拒领租赁物，造成出租人损失的，应当对出租人进行赔偿。

（2）按照约定及时交付租金。在租赁期间，承租人按照约定向出租人支付租金。承租人所支付的租金是出租人提供融资的对价。因此，在租赁物有瑕疵时承租人不得拒付租金；在租赁物意外损毁、灭失时，承租人仍应付租金。承租人经过催告在合理期限内仍不支付租金的，出租人可以要求承租人支付全部租金，也可以解除合同，收回租赁物。

（3）妥善保管、合理使用租赁物。在租赁期间，承租人占有租赁物，因此负有对租赁物的妥善保管和合理使用的义务。租赁物发生故障时，承租人应当履行维修义务。

（4）因租赁物致人损害的赔偿责任。承租人占有租赁物期间，租赁物造成第三人的人身伤害或者财产损害的，出租人不承担责任，由承租人作为租赁物的管理人、经营者承担责任。

（5）不得未经出租人同意，对租赁物进行转让、转租、抵押、质押、投资入股或者以其他方式处分租赁物。

（6）依照合同约定返还标的物。出租人和承租人可以约定租赁期间届满租赁物的归属。对租赁物的归属没有约定或者约定不明确，协商或依据交易习惯依然无法确定的，租赁物的所有权归出租人。当事人约定租赁期间届满租赁物归承租人所有，承租人已经支付大部分租金，但无力支付剩余租金，出租人因此解除合同收回租赁物的，收回的租赁物的价值超过承租人欠付的租金以及其他费用的，承租人可以要求部分返还。

4. 承租人的权利

承租人的权利主要是在租赁期间，对租赁物享有排他性的占有权和使用权。

【知识拓展】

用农机也可以"分期"

草原的春天来得晚。阳春三月，内蒙古赤峰市巴林右旗的田野上依然风寒刺骨。除了零散的羊群，还看不到更多生机勃勃的景象。

大板镇农机大户刘宝山早早就开始了一年的打算。去年秋天，旗里的种植户大都半价出售了辛苦打下的玉米，老刘因为地多，种玉米只是回了个本，算是白忙活一年。"今年得早做准备，换个赚钱的法子。手里的7 000亩地，再少种1 000亩玉米，多种一些葵花和谷子。"

工欲善其事，必先利其器。作为全旗最早使用进口农机的大户，刘宝山更看重的是种植收入之外的服务性收入。他打算买一台"大凯斯"，和合作社的其他7名农机手参加跨区作业。一台"大凯斯"动辄百万元，资金哪里来，老刘却并不犯愁。

三年前的刘宝山，并没有像现在这样胸有成竹。

"同样的土地，用好的机械至少可以增收20%！"2014年，他去了一趟黑龙江，在看完大农业的高效耕种后，他觉得：这可能是改变自己命运的一条路。

用上大农机，有钱才是硬道理。可当时的刘宝山，即使把箱子底都倒出来，也拿不出那么多钱。

他首先想到从当地银行贷款。可没有熟人，人家不给贷，而且手续太繁琐，年头申请，到年中都不一定申请下来。

利用父辈的关系，他还专程跑了一趟农机市场，向阿鲁科尔沁旗天鑫农牧业销售有限公司总经理陈建民求救，没想到，农机经销商比他们更急需资金周转。

"现金为王啊！所以这么多年农机都是直接搞赊销，欠钱都是慢慢要，到现在还有很多钱没收回来。每到年关，四处讨债，滋味可真不好受，就跟欠人家的似的。"从事农机经销30年的老陈深有感触。

正当刘宝山无计可施的时候，陈建民给他介绍了一个吉林的朋友。"他叫姜广风，是宜信普惠融资租赁部蒙东区域团队经理。在了解了我的一些基本情况后，他很认真地说，需要什么农机型号，宜信普惠负责出大头，我最少只需要掏设备款的10%，就能把机器开回家。此后每月按时还租金就行，钱还完了，农机还归我。"老刘依然记得彼此第一次见面时的场景。

"这有点儿像城里人买房子，交上首付，每月按揭。经过几次深入了解之后，我试着报了一台40万元左右的农机设备，自己只交了不到10万元的'首付'，没想到没几天就收到了他们的回复：农机可以过来开回家。"刘宝山喜出望外。

宜信普惠的这种农机租赁方式，不仅让农户大呼过瘾，而且解决了多年困扰经销商的大难题。"2015 年,跟宜信普惠合作以后,我们在赊销方面的问题缓解了很多,因为由宜信普惠来负责为农民进行资金筹措,给农民融资,我们农机经销商不用分散过多精力,可以专心经营。"

春播玉米,夏种葵花,秋收牧草。有了大农机,刘宝山如虎添翼。他的农机合作社一年有 4 万亩地的工作量,纯收入能达到 100 万元。不仅自己的投入当年就回本了,还有一笔不菲的利润分红。

农民对于新农机设备充满了渴求,一台农机动辄上百万,农民财力上捉襟见肘,即使国家有农机补贴,但补贴的滞后性,让农民等不起。因此,对刘宝山们来说,先用上自己青睐的"大家伙"比什么都重要。

"买不如租"。刘宝山发现了宜信普惠农机租赁这一项业务,随即便办理了。在他的影响下,阿民从一个给别人打井的牧民,成长为一名养殖合作社的理事长,在阿民的影响下,合作社社员中又有 4 户也成了宜信普惠的客户。

大板镇村民们正是依靠着金融租赁这样一种方式,一步步走上了致富的道路。

第六章 涉农实用经济法律制度

第一节 农产品质量安全法

【法谚法语】

> "国以民为本,民以食为天,食以安为先,安以质为本,质以诚为根。"
>
> ——《汉书·郦食其传》

农产品质量安全,事关人民身体健康,事关民生大事。习近平总书记强调,要把农产品质量安全作为转变农业发展方式、加快现代农业建设的关键环节,坚持源头治理、标本兼治,用最严谨的标准、最严格的监管、最严厉的处罚、最严肃的问责,确保广大人民群众"舌尖上的安全"。我国在立法层面通过制定《农产品质量安全法》《食品安全法》等法律法规来保护农产品质量安全,实现从"农田到餐桌"的全程守护。

【案例导入】

蔡老三在某农产品市场租赁了一个摊位卖水果,他所销售的都是一些鲜果,如葡萄、提子、芒果等。这些水果经常需要从很远的地方进货，有的甚至是从外国进口的。为了保持水果的新鲜和美观，必须进行良好的包装，但是包装费很昂贵。蔡老三为了节约成本，使用了最便宜的包装袋，这种包装袋散发着一股刺鼻的气味。蔡老三旁边摊位的人告诉他，他的这种行为是违法的，如果被监管部门检查出来是要受到处罚的。可是蔡老三认为，反正消费者都是洗干净水果之后才吃，包装不符合相关的标准也没问题。

【思考】他的这种行为正确吗？

一、农产品与农产品质量安全

（一）农产品

《农产品质量安全法》第二条规定，本法所称农产品是指来源于种植业、林业、畜牧业和渔业等的初级产品，即在农业活动中获得的植物、动物、微生物及其产品。"本法中的农产品"其与生产中使用农产品的概念有所不同，是指《农产品质量安全法》所调整的一系列社会关系的总和，包括以下四个方面的内涵：

（1）农产品的主体是指从事农业生产经营的单位或个人。这些主体通常直接参与农业生产活动，包括种植业、林业、畜牧业和渔业等，他们通过利用土地、水源、气候等自然资源，以及投入劳动力和智慧，生产出各种初级农产品。

（2）农产品的获得方式必须是"在农业活动中获得的"。这里所讲的"农业活动"既包括传统的种植、养殖、采集、捕捞等农业活动，也包括设施农业、生物工程等现代农业活动。因此，在市场上销售的农产品，农产品生产经营主体开设农产品直销经营机构，或农民将自产的农产品在市场上自销，应属于农产品生产主体对农业活动中获得的农产品的出售行为，如果是农产品经销商通过商业采购行为获得农产品后进行销售，此商业经营的农产品的质量安全不受《农产品质量安全法》规范，应"按食品"由《食品安全法》规范。

(3)"初级"的含义。农产品的初级"既包括在农业活动中直接获得的,也包括通过分拣、去皮、剥壳、清洗、切割、冷冻、打蜡、分级、包装等加工,但未改变其产品的基本自然性状和化学性质的"。农产品收获后,为便于农产品的贮存、运输、出售,农产品生产主体进行分拣、去皮、剥壳、清洗、切割、冷冻、打蜡、分级、包装等行为,属于农产品的初级处理(加工)行为。例如为了方便运输和保存,对鱼和虾、蔬菜等采用速冻工艺,其性质上还是属于农产品。

(4)农产品包括植物、动物、微生物及其产品。农产品作为有机生物体,在农产品生产、流通、消费等环节,其外表形态不变,体现了农产品的自然属性。稻秆和稻谷、杨梅和杨梅树、鸡和鸡蛋都是农产品,稻谷、杨梅、鸡蛋是植物、动物的产品,也是农产品。

(二) 农产品质量安全

食用安全是农产品质量最基本要求,脱离了食用安全,农产品其他质量指标,包括再漂亮的外观、再美味的口感、再丰富的营养等都将为法律所不许市场所不容。因此,农产品质量是以安全为基础的质量与安全的有机结合。

农产品质量是对农产品的外观、营养、口感、风味、安全等方面总体品质的一个评价,主要包括感官、理化、营养、安全等方面的指标。感官指标指形状、颜色、大小等外观形状的指标;理化指标指含水量、发芽率等指标;营养指标指蛋白质、维生素等营养方面指标;安全指标通常是指卫生指标,主要是农(兽)药残留量、重金属量、病原微生物、添加剂等指标。《农产品质量安全法》所称的"农产品质量安全是指农产品质量符合保障人的健康、安全的要求"。换言之,市场上销售的农产品必须符合农产品质量安全标准,禁止生产、销售不符合国家规定的农产品质量安全标准的农产品。

【对点案例】

2020年11月29日,杨某自称因生活需要到"灵慧超市"购买"美国粟米粒"1件,实际支付10.9元。执行标准:Q/CAACOOO1S,生产日期20201022,保质期12个月,生产许可证无,净含量400克。杨某认为其购买的"美国粟米粒"符合GB 7718—2011《预包装食品标签通则》第2.1条的规定,认为该产品属于预包装食品,但该产品没有生产许可证编号,也未标注营养成分,违反《食品安全法》《预包装食品标签通则》的相关规定。杨某于2020年12月5日向当地质监局投诉举报,要求质监局依法对"灵慧超市"作出行政处罚并奖励申请人。质监局在接到投诉举报后,依法对"灵慧超市"进行了现场检查,认为杨某举报的"美国粟米粒"采用速冻工艺,但性质上还属于初级农产品,生产该类食品无需食品生产许可证,并且根据GB 28050—2011《食品安全国家标准预包装食品营养标签通则》的有关规定,"美国粟米粒"是属于冷冻生鲜食品中的生蔬菜范畴,不列入强制标示营养标签的预包装食品范围。

二、农产品质量安全风险管理与标准

(一)农产品安全风险管理

风险管理是指根据风险评估的结果,选择和实施适当的预防和监测措施,尽可能有效地控制农产品风险,从而保障公众健康和促进公平交易。农产品风险管理的目标是通过实施适当的措施,尽可能地控制风险发生,从而保证公众健康。目前我国对农产品质量安全中危险性源的分析和管理主要包括化学污染物、农药残留、生物毒素、食品添加剂等。我国建立了农产品质量安全风险检测制度，对检测责任进行了明确的划分和合理的分工。国务院农业农村主管部门制定国家农产品质量风险监测计划，监测重点为大中型城市、重点区域农产品品种，同时强化对农业投入品的相关监测和预警。而省级农业农村主管部门负责制定省级质量安全风险监测实施方案，对农产品进行监督抽查。市级农业农村主管部门更多贴近农产品生产地，因此，需要对农产品产地准出情况进行重点监测，更好地对农产品生产性基地和企业进行管理，从而为农产品的质量安全打下基础。

（二）农产品质量安全标准

根据国际标准化组织（ISO）的定义，标准是以科学、技术、经验的综合成果为基础，以促进最佳社会效益为目的，经协商一致并经一个公认机构所批准，在一定范围内共同遵守的技术性文件。农产品质量安全标准是指依照有关法律、行政法规的规定制定和发布的农产品质量安全强制性技术规范。一般是指规定农产品质量要求和卫生要求，以保障人的健康、安全的技术规范和要求。如农产品中农药、兽药等化学物质的残留限量，农产品中重金属等有毒有害物质的允许量，致病性寄生虫、微生物或者生物毒素的规定，对农药、兽药、添加剂、保鲜剂、防腐剂等化学物质的使用规定等。农产品质量安全标准，是农产品质量安全监管的重要执法依据，也是支撑和规范农产品生产经营的重要技术保障。

我国现行农业质量安全标准体系由农业国家标准、行业标准、地方标准和企业标准四类组成，国家标准、行业标准和地方标准三个层级为政府性标准。农产品质量安全标准由农业农村主管部门会同有关部门推进实施，制定时应当充分考虑农产品质量安全风险评估结果，并听取农产品生产经营者、消费者和行业协会的意见保障消费安全。

三、农产品产地与生产

(一)农产品产地

产地是影响农产品质量安全的重要源头,不符合标准的产地环境中不可能生产出符合农产品质量安全标准的农产品。国家通过建立农产品地监测制度,县级以上人民政府通过会同同级生态环境、自然资源等有关部门制定农产品监测计划,加强农产品质量安全保障、调查、监测和评价工作。禁止农产品生产者在特定农产品严格管控区种植、养殖、捕捞、采集特定农产品和建立特定农产品生产基地。"特定农产品严格管控区域"一般属于有毒有害物质超过标准的区域,因此,在上述区域生产、捕捞、采集特定农产品无异于在农产品生产过程使用有毒有害物质,属于明令禁止的行为。

(二)农产品生产

优质安全的农产品是生产出来的。生产者只有严格按照规定的技术和操作规程进行生产,科学合理利用符合国家规定要求的农药、兽药、肥料、饲料和相关添加剂等农业投入品,适时收获,捕捞和屠宰动植物等,才能生产出符合标准要求的农产品。农产品生产企业和农民专业合作经济组织应当如实记载农产品生产过程中与农产品质量安全相关的关键信息。这些信息是体现农产品质量安全生产过程的基本数据,也是农产品质量安全追溯、责任追究的基本依据。根据《农产品质量安全法》第二十七规定,农产品生产企业、农民专业合作社、农业社会化服务组织应当建立农产品生产记录,如实记载下列事项:

(1)使用农业投入品的名称、来源、用法、用量和使用、停用的日期。

(2)动物疫病、农作物病虫害的发生和防治情况。

(3)收获、屠宰或者捕捞的日期。农产品生产记录应当至少保存二年。禁止伪造、变造农产品生产记录。

四、农产品的包装、标识和销售

（一）农产品的包装与标识

农产品包装是指对农产品分等、分级、分类后实施装箱、装盒、装袋、包裹、捆扎等活动的过程和结果。农产品生产企业、农民专业合作经济组织以及从事农产品收购的单位或者个人，销售取得的绿色食品、有机农产品等认证的农产品必须进行包装，但鲜活畜、禽、水产品除外。

农产品标识是指用来表达农产品生产信息、质量安全信息和消费信息的所有标示行为和结果的总称，可以用文字、符号、数字、图案及相关说明物进行表达和标示。农产品标识应当使用规范的中文，标注的内容应当准确、清晰、显著。标识内容应当在包装物上标注或者附加标识标明品名、产地、生产者或者销售者名称、生产日期。未包装的农产品，应当采取附加标签、标识牌、标识带、说明书等形式标明农产品的品名、生产地、生产者或者销售者名称等内容。有分级标准或者使用添加剂的，还应当标明产品质量等级或者添加剂名称。销售取得绿色食品、有机农产品、农产品地理标志等质量标志使用权的农产品，应当标注相应标志和发证机构。转基因农产品，应当按照农业转基因生物安全管理的有关规定进行标识。

依法需要实施检疫的动植物及其产品，应当附具检疫合格标志、检疫合格证明。

农产品包装标识制度是实施农产品追踪溯源，建立农产品安全质量安全责任追究制度的前提，是防止农产品在运输、销售或者购买时被污染和损害的关键措施，是培养农民品牌、提升农产品市场竞争力的必由之路。

(二) 农产品的销售

1. 禁止销售的情形

《农产品质量安全法》第三十六条规定有下列情形之一的农产品，不得销售：

（1）含有国家禁止使用的农药、兽药或者其他化合物；

（2）农药、兽药等化学物质残留或者含有的重金属等有毒有害物质不符合农产品质量安全标准；

（3）含有的致病性寄生虫、微生物或者生物毒素不符合农产品质量安全标准；

（4）未按照国家有关强制性标准以及其他农产品质量安全规定使用保鲜剂、防腐剂、添加剂、包装材料等，或者使用的保鲜剂、防腐剂、添加剂、包装材料等不符合国家有关强制性标准以及其他质量安全规定；

（5）病死、毒死或者死因不明的动物及其产品；

（6）其他不符合农产品质量安全标准的情形。

【对点案例】

2020年11月，黑龙江省伊春市农业农村局对伊春市玲信养殖场开展监督抽查，在该养殖场销售的鸡蛋样品中检出产蛋期不得使用的兽药恩诺沙星。该养殖场负责人主动承认其妻子在喂养蛋鸡过程中添加了产蛋期不得使用的兽药恩诺沙星，涉案批次鸡蛋2 080千克。根据《农产品质量安全法》、农业农村部《规范农业行政处罚自由裁量权办法》有关规定，2021年3月，伊春市农业农村局对伊春市玲信养殖场作出没收违法所得12 896元、罚款2 000元的行政处罚决定。

2. 农产品销售前准入

为了强化生产经营主体责任，进一步完善农产品质量安全监测措施，《农产品质量安全法》引入了一项准入制度——"承诺达标合格证"。坚持"谁生产、谁用药，谁承担"的原则，要求农业生产企业、农民专业合作社应当按照规定开具合格证方可销售，鼓励农户销售开具承诺达标合格证；从事农产品收购的单位或个人、食品生产者、餐饮服务提供者应当按照规定收取并保存承诺达标合格证或者其他质量安全合格证明材料；农产品批发市场开办者应当查验合格证的规定。农产品分装后销售的，也应当按照规定开具安全合格证明材料。

```
┌─────────────────────────────────────────┐
│           承诺达标合格证                │
│  我承诺对生产销售的食用农产品：         │
│  □不使用禁用农药兽药、停用兽药和非法添加物 │
│                                         │
│  □常规农药兽药残留不超标                │
│                                         │
│  □对承诺的真实性负责                    │
│  承诺依据：                             │
│    □委托检测            □自我检测       │
│                                         │
│    □内部质量控制        □自我承诺       │
│  ─ ─ ─ ─ ─ ─ ─ ─ ─ ─ ─ ─ ─ ─ ─ ─ ─ ─ ─  │
│    产品名称：         数量（重量）：    │
│    产  地：                             │
│    生产者盖章或签名：                   │
│    联系方式：                           │
│    开具日期     年    月    日          │
└─────────────────────────────────────────┘
```

五、监督与检查

在农产品质量安全的维护体系中,生产经营主体作为第一责任人,负有确保其生产经营的农产品达到质量安全标准的义务。地方政府则需要承担总体责任,监管并管理本地区内的农产品质量安全。此外,各相关监管部门也需按照自己的职责执行具体的监管任务,共同构筑从农产品生产到销售各个环节的质量保证体系。

具体而言,国务院农业农村主管部门需会同相关部门制定全国性的农产品质量安全突发事件应急预案,而县级以上的地方人民政府也需要制定适应本行政区域的应急预案。农业农村主管部门负责制订监督抽查计划,明确抽查的重点内容、方法和频次,并组织具体实施。日常监管中需要特别关注农产品的产地环境和使用的农业投入品等方面。在监督检查和抽查过程中,农业农村主管部门有权查阅和复制农产品生产记录、进行抽样检测,并可以查封扣押不符合质量安全标准的农产品及违法生产经营的设施设备。上级人民政府负有督促下级政府履行监管职责的责任,若发现下级政府落实不力或存在问题,可以对其主要负责人实行责任约谈,确保监管职责得到有效执行。

六、法律责任

《农产品质量安全法》设定了一套针对农产品生产者在违反质量安全保障义务时的法律责任制度。主要包括以下几种情况。

1. 违规使用农业投入品的法律责任

对于违规使用农业投入品的法律责任,《农产品质量安全法》并没有直接作出规定,而是主要采用援引相关法律法规的规范方式。具体包括有《农药管理条例》《饲料和饲料添加剂管理条例》《兽药管理条例》《农业转基因生物安全管理条例》等。

2. 未按照规定回收处理包装物和废弃物的法律责任

未按照规定回收处理包装物和废弃物的法律责任属于《农产

品质量安全法》并新增的内容，法律中也没有直接作出规定，而是主要采用援引相关法律法规的规范方式。具体包括《农药包装废弃物回收处理管理办法》《土壤污染防治法》《固体废物污染环境防治法》《农药管理条例》等。

3. 未按照规定建立或保存农产品生产记录的法律责任

《农产品质量安全法》第六十九条规定，农产品生产企业、农民专业合作社、农业社会化服务组织未依照本法规定建立、保存农产品生产记录，或者伪造、变造农产品生产记录的，由县级以上地方人民政府农业农村主管部门责令限期改正；逾期不改正的，处2 000元以上2万元以下罚款。

4. 销售禁售农产品的法律责任

农产品生产者销售其生产的农产品时，必须保证其农产品不存在法律规定的生产者必须保证其销售的农产品符合法律规定，不得出现含有禁用农药、重金属超标等情况。对于农产品生产者违反销售禁售农产品的法律责任主要有责令停止销售并对被污染的农产品进行无害化处理或销毁，没收违法所得并处罚款。对情节严重的负责人，公安机关可以予以行政拘留。

5. 违反农产品包装、标识义务的法律责任

县级以上地方人民政府农业农村主管部门责令停止生产经营、追回已经销售的农产品，对违法生产经营的农产品进行无害化处理或者予以监督销毁，没收违法所得，并可以没收用于违法生产经营的工具、设备、原料等物品；违法生产经营的农产品货值金额不足1万元的，并处5 000元以上5万元以下罚款，货值金额1万元以上的，并处货值金额5倍以上10倍以下罚款；对农户，并处300元以上3 000元以下罚款。

6. 冒用农产品质量标志的法律责任

农产品生产经营者冒用农产品质量标志，或者销售冒用农产品质量标志的农产品的，由县级以上地方人民政府农业农村主管部门按照职责责令改正，没收违法所得；违法生产经营的农产品货值金

额不足 5 000 元的，并处 5 000 元以上 5 万元以下罚款，货值金额 5 000 元以上的，并处货值金额 10 倍以上 20 倍以下罚款。

【课后拓展】

违法使用禁用农药案

【案情简介】2016 年 4 月 3 日，某市某区农业农村局对当事人生产销售的草莓进行质量监督抽检，经某质量监督检验测试中心检测，受检样品中克百威残留量不符合 GB 2963—2016《食品中农药最大残留限量》的规定要求。经对当事人用药仓库检查，发现仓库中存放着国家明确规定在蔬菜、果树、茶叶、中草药材上不得使用的"3%农药克百威颗粒剂"（标称生产单位：岳阳安达化工有限公司，登记证号：PDN47-97，生产批号：20161101002，规格：1 千克/包）。经调查，当事人于 2016 年 2 月 20 日在整地防除地下害虫时曾使用过该批农药"3%农药克百威颗粒剂"。

本案中，当事人的行为违反了《农药管理条例》第三十四条第二款规定，执法机关根据《农药管理条例》第六十条第二项之规定和 2013 年 5 月 2 日发布的《最高人民法院、最高人民检察院关于办理危害食品安全刑事案件适用法律若干问题的解释》第九条第二款之规定将涉案证据和案件线索移送给属地公安机关，经公安机关立案侦查和检察机关审理后向法院提起公诉，经法院开庭审理最终判决如下：

1. 判处有期徒刑六个月；
2. 罚金人民币贰万伍仟元整（25 000 元）；
3. 没收"3%农药克百威颗粒剂"10 包。

【法律依据】《农药管理条例》第三十四条规定，农药使用者应当严格按照农药的标签标注的使用范围、使用方法和剂量、使用技术要求和注意事项使用农药，不得扩大使用范围、加大用药剂量或者改变使用方法。

农药使用者不得使用禁用的农药。

标签标注安全间隔期的农药,在农产品收获前应当按照安全间隔期的要求停止使用。

剧毒、高毒农药不得用于防治卫生害虫,不得用于蔬菜、瓜果、茶叶、菌类、中草药材的生产,不得用于水生植物的病虫害防治。

《农药管理条例》第六十条规定,农药使用者有下列行为之一的,由县级人民政府农业主管部门责令改正,农药使用者为农产品生产企业、食品和食用农产品仓储企业、专业化病虫害防治服务组织和从事农产品生产的农民专业合作社等单位的,处5万元以上10万元以下罚款,农药使用者为个人的,处1万元以下罚款构成犯罪的,依法追究刑事责任:

(一)不按照农药的标签标注的使用范围、使用方法和剂量、使用技术要求和注意事项、安全间隔期使用农药;

(二)使用禁用的农药;

(三)将剧毒、高毒农药用于防治卫生害虫,用于蔬菜、瓜果、茶叶、菌类、中草药材生产或者用于水生植物的病虫害防治;

(四)在饮用水水源保护区内使用农药;

(五)使用农药毒鱼、虾、鸟、兽等;

(六)在饮用水水源保护区、河道内丢弃农药、农药包装物或者清洗施药器械。

有前款第二项规定的行为的,县级人民政府农业主管部门还应当没收禁用的农药。

《最高人民法院、最高人民检察院关于办理危害食品安全刑事案件适用法律若干问题的解释》第九条 在食品加工、销售、运输、贮存等过程中,掺入有毒、有害的非食品原料,或者使用有毒、有害的非食品原料加工食品的,依照刑法第一百四十四条的规定以生产、销售有毒、有害食品罪定罪处罚。

在食用农产品种植、养殖、销售、运输、贮存等过程中,使用禁用农药、兽药等禁用物质或者其他有毒、有害物质的,适用前款的规定定罪处罚。

在保健食品或者其他食品中非法添加国家禁用药物等有毒、有害物质的,适用第一款的规定定罪处罚。

【案例评析】农业生产者是农产品质量安全工作中非常重要的一环,必须严格遵守国家法律法规,规范使用农药等投入品,国家明令禁用的以及在相关产品上不得使用的农药坚决不用,严把农产品质量安全关。我们广大农民朋友们在种植、生产过程中也要自觉严格把关、严格执行,为广大民众提供安心、放心的农产品。

第二节 电子商务法

【案例导入】

"绿田庄园"在一家知名直播平台上开展了一场有机蔬菜的直播销售活动。在直播过程中,主播强调了"绿田庄园"蔬菜的"无农药""有机认证"等特点,并且展示了相应的认证证书图片。消费者张女士在直播中看到了这次推广,并购买了一定数量的蔬菜。然而,在收到货物后,张女士发现蔬菜的质量并不如直播中所展示的那样新鲜,有些甚至已经出现了腐烂。张女士立即通过直播平台的客服联系了"绿田庄园",要求退货并全额退款。"绿田庄园"同意退货,但表示只能退还扣除运费后的金额。张女士对此表示不满,认为"绿田庄园"存在虚假宣传的行为,于是在直播平台上发表了差评,并要求赔偿。

【思考】张女士能否要求赔偿,可以对绿园庄园进行处罚吗?

随着互联网技术的迅猛发展,电子商务已经融入中国广袤的农村地区。农村电商成为推动农业现代化、增加农民收入和促进农村经济发展的重要力量。《电子商务法》的颁布实施,为保障农村电商的可持续发展提供了关键性的法律框架。

一、《电子商务法》的适用范围

《电子商务法》第二条规定，"中华人民共和国境内的电子商务活动，适用本法。本法所称电子商务，是指通过互联网等信息网络销售商品或者提供服务的经营活动。法律、行政法规对销售商品或者提供服务有规定的，适用其规定。金融类产品和服务，利用信息网络提供新闻信息、音视频节目、出版以及文化产品等内容方面的服务，不适用本法。"

电子商务不仅包括了各种形式的在线购物和远程服务，还涉及了支持这些活动的技术平台、支付系统、物流配送等基础设施。常见的模式包括 B2C（企业对消费者）到 B2B（企业对企业）、C2C（消费者对消费者）等。

二、电子商务经营主体

根据《电子商务法》的相关规定及立法目的，涉及的相关利益主体分为两类：一类为电子商务经营者，另一类为消费者。消费者这一主体将在下一节内容进行讲述，本节重点讨论电子商务经营主体。

电子商务中的经营主体主要包括电子商务经营者、电子商务平台经营者以及平台内经营者。电子商务经营者，是指通过互联网等信息网络从事销售商品或者提供服务的经营活动的自然人、法人和非法人组织，包括电子商务平台经营者、平台内经营者以及通过自建网站、其他网络服务销售商品或者提供服务的电子商务经营者。电子商务平台经营者，是指在电子商务中为交易双方或者多方提供网络经营场所、交易撮合、信息发布等服务，供交易双方或者多方独立开展交易活动的法人或者非法人组织。平台内经营者，是指通过电子商务平台销售商品或者提供服务的电子商务经营者。

电子商务经营者应当依法办理市场主体登记。但是，个人销售自产农副产品、家庭手工业产品，个人利用自己的技能从事依法无须取得许可的便民劳务活动和零星小额交易活动,以及依照法律、行政法规不需要进行登记的除外。

三、电子商务合同

电子商务活动中形成的电子合同与传统书面合同具有同等法律效力,这也与《民法典》关于电子合同的规定一致。

(一) 电子商务合同的订立

《电子商务法》规定,电子合同的订立应当遵循合同自由原则,保证双方当事人的意思表示真实有效。在电子商务环境中,合同可以通过点击同意、电子签名等方式成立。与此同时,通过电子信息网络进行的交易与面对面的传统交易具有同等的法律效力。

(二) 电子商务合同的形式

在电子商务中,合同形式可以是电子文本、电子邮件、短信、语音信息等形式表现,这些电子形式的合同与传统纸质合同具有相同的效力。同时,也明确了电子签名的合法性,认可可靠电子签名的法律效力,符合法定要求的电子签名应具备的特点。

(三) 电子商务合同的履行

电子商务合同一旦成立,各方当事人应当按照约定全面履行自己的义务。如果法律法规或者双方约定必须以书面形式进行交易的,则应当采用电子文书形式履行。

(四) 电子商务合同的变更和解除

合同的变更和解除在电子商务中同样适用。如果一方违约,另一方有权根据合同的约定或者法律规定采取相应的救济措施。此外,消费者还享有"七天无理由退货"权利,但这项权利不适用于定制商品、易腐商品、数字内容等特定商品或服务。

四、电子商务经营者法律责任

(1) 违反公示和信息提供义务的,市场监督管理部门责令限期改正，可以处 1 万元以下的罚款。

（2）违反搜索结果提供规定、搭售商品服务规定，市场监督管理部门责令限期改正，没收违法所得，并处以 5 万元以上 20 万元以下或 20 万元以上 50 万元以下的罚款。

（3）违反押金退还规定，市场监督管理部门责令限期改正，可处 5 万元以上 20 万元以下的罚款；情节严重的，处 20 万元以上 50 万元以下的罚款。

（4）违反个人信息保护规定、网络安全保障义务，依照《网络安全法》等法律、行政法规的规定处罚。

（5）电子商务平台经营者未履行核验、登记义务等相关义务行政责任，市场监督管理部门责令限期改正，逾期不改正的，处 2 万元以上 10 万元以下的罚款；情节严重的，责令停业整顿，并处 10 万元以上 50 万元以下的罚款。

（6）修改交易规则未公示征求意见、未区分标记自营业务和平台内经营者业务等行为，市场监督管理部门责令限期改正，可处 2 万元以上 10 万元以下的罚款；情节严重的，处 10 万元以上 50 万元以下的罚款。

第三节　消费者权益保护法

【法谚法语】

> "为权利而斗争是权利人对自己的义务。"
> ——（德）耶林

【案例导入】

黄女士 2021 年 4 月底通过联系周边游平台预订 5 月庐山西海

某民宿客房，但一直订不到。民宿主人 5 月 6 日电话联系黄女士，告知其只有 5 月底有房间，由于该时间黄女士无法出行，就说订 6 月的，商家当时告知 6 月还没开始预订，于是黄女士就加了民宿主人微信沟通，说回头能定 6 月的房间第一时间联系告知她，商家也同意了。但是后来黄女士联系商家询问 6 月房间时，商家告知 6 月房间全部订完了。黄女士认为该民宿在欺骗消费者，遂于 2021 年 5 月 21 日向九江市 12315 投诉。

【思考】黄女士投诉的法律依据是什么？

一、消费者的概念

随着近代市场经济不断发展，垄断、不正当竞争等侵害消费者利益的问题开始出现。企业与消费者之间出现"信息偏在""信息不对称"，导致市场失灵。1993 年 10 月，我国第一部《消费者权益保护法》经全国人大常委会第四次会议审议通过。它的制定是为了维护全体消费者权益，对经营者苛以义务，维护社会经济秩序，促进社会主义市场经济健康发展。随着互联网新业态、新模式、新产品涌现，互联网消费模式、新形态消费纠纷问题不断出现，2014 年 3 月 15 日，修订后的《消费者权益保护法》正式实施，网络购物、电视电话购物等纳入新的调整范围；加大对消费者权益的保护、强化消费者协会的职能、严格经营者责任。

《消费者权益保护法》第二条规定："消费者为生活消费需要购买、使用商品或者接受服务，其权益受本法保护。"

1. 消费者是指购买、使用商品或者接受服务的自然人，而非单位

消费者只限于自然人，公司等团体组织不能构成法律上的消费者。在法律上，所谓自然人，就是基于自然规律出生而取得民事主体资格的人，即一般意义上的普通人。而单位购买商品或者接受服务，应视为平等主体之间的交易行为，受《民法典》合同编调整，

而非《消费者权益保护法》。

2. 消费者消费的客体包括商品和服务

消费者的商品和服务必须是合法经营者在法定范围内所提供的。如二手医疗器械买卖等不受《消费者权益保护法》保护。

3. 消费者购买、使用商品或者接受服务的对象是经营者

消费者必须是通过公开的市场交易从经营者处购买、使用的商品或者接受的服务。私下的交易比如私人之间的二手房、二手车辆、二手设备买卖等不受《消费者权益保护法》调整。

4. 消费者购买商品或者接受服务必须以生活消费为目的

消费者购买商品或者接受服务的目的必须是为了满足自己的生活消费需求。这意味着消费者的购买行为不是为了投资、生产或其他商业目的，而是为了直接满足自己的日常生活需求。这种生活消费目的体现了消费者权益保护法对消费者权益的特殊关注和保护。

【对点案例】

1. 农民黄某去电脑城购买一台笔记本电脑用于个人技能提升学习，"强盛农产品公司"在电脑城购买一台笔记本电脑用于公司会议使用。

2. 律师王某去超市购买蔬菜回家做饭，饭店老板于某去超市购买蔬菜用于店铺生意。

请问：案例中黄某、强盛农产品公司、王某、于某谁属于消费者？

二、消费者的权利

消费者的权利又称消费者权益，主要包括物质经济利益，

精神文化利益、安全健康利益、时效利益和环境利益等，具体包括九大权利分别是：安全权、知情权、自主选择权、公平交易权、求偿权、结社权、知识获取权、人格尊严受尊重权、监督权。

1. 安全权

消费者在购买、使用商品和接受服务时享有人身、财产安全不受损害的权利，主要包括人身安全权、财产安全权。人身安全权是指生命健康权不受损害，即享有保持身体各器官及机能的完整及生命不受危害的权利。财产安全权是指消费者在购买、使用商品和接受服务时享有财产安全不受损害的权利，是要求经营者提供的商品和服务，符合保障财产安全要求的权利。换句话说，有国家标准、行业标准的，消费者有权要求提供的商品或者服务符合相关标准，例如密封、保存农产品要达到农产品包装标准、贮藏和运输标准等，民宿要符合相关行业的卫生、服务标准等。

2. 知情权

消费者知情权是指消费者购买、使用商品或者接受服务时，有权了解和掌握商品和服务的真实状况的权利，主要包括：消费者有权要求经营者按照法律法规规定的方式标明商品或者服务的真实情况；消费者在购买、使用商品或接受服务时，有权询问和了解商品或者服务的有关情况，经营者应给予耐心解答；消费者在了解商品或者服务时，应该提供真实的情况。常见的类型包括：虚假标价、价外加价（如对餐巾纸费、小毛巾费用、服务费不提前说明）、变相涨价、质量不相符、不履行价格承诺、服务产品欺诈等。

《消费者权益保护法》第五十五条第一款规定，经营者提供商品或者服务有欺诈行为的，应该按照消费者的要求增加赔偿其受到的损失，增加赔偿的金额为消费者购买商品的价款或者接受服务的费用的 3 倍；增加赔偿的金额不足 500 元的，为 500 元。

而按照《产品质量保护法》规定，生产不符合食品安全标准的食品或者销售明知是不符合食品安全标准的食品，消费者可以向生产者或销售者要求支付价款10倍的赔偿金。

【对点案例】

> 准备结婚的杨先生和李小姐去某民宿举办小型的婚礼，经多方了解，决定去海边这家民宿了解一下。民宿老板王某向他们介绍这个民宿宴会和婚礼菜单，杨先生和李小姐听后很满意，然后又参观了一下这家民宿，看到门口挂了五星级民宿后，决定与民宿当场签订5万元的宴会服务合同，并交纳定金50 000元。
>
> 婚礼当天，酒店并未告知杨先生和李小姐就擅自更改了菜单内容，同时，杨先生经多了解，发现该民宿并非五星级民宿，其并未参与行业协会星级评定。于是，杨先生要求民宿退还价款1万元，但民宿一方不同意。杨先生和李小姐认为，根据《消费者权益保护法》相关规定，在海边民宿的行为已经构成欺诈，应承担3倍赔偿责任。

3. 自主选择权

消费者的自主选择权，是指消费者根据自己的意愿独立自主地选择商品或服务的权利。消费者的自由选择是消费者获得称心如意的服务或商品的基本保证。常见的自主选择纠纷类型包括：

（1）强制收取所谓的服务费。如收取自带酒水服务费、开瓶费，包间设置最低消费等。

（2）拒绝接待特定人群的消费者。如酒店的自助餐厅，因农民工饭量大而拒绝其入内等；

（3）强制消费者有偿使用某些商品，如一次性消毒餐具等。

【对点案例】

> 2009年8月,小华在浙江东方豪生大酒店订了婚宴,并交付了5 000元定金。2010年12月,小华与东方豪生确定婚宴日期和具体桌数。酒店提出,尾款必须在酒宴前结清。但在结算时,小华突然发现账单上多出近4 000元的费用。"酒店说,这是自带酒水的开瓶费,每桌100元。""由于没有经验,订酒宴时很多问题我们没有问,他们也没有主动提。"小华困惑,为何商家不在付定金时告知他有这项收费。商家收取"开瓶费"的依据何在?酒店表示,如果消费者不是自带酒水而是订酒店提供的酒水就不存在这项费用。这个说法让小华觉得商家有点强买强卖的嫌疑。经协商无果后小华于2011年1月拨打了12345市民投诉热线。

4. 公平交易权

公平交易权是指消费者在与经营者的消费交易中享有的获得公平交易条件和公平交易结果的权利。法律通过赋予我们这一权利,最终实现经营者与消费者之间的实质公平。

消费者和经营者的交易行为应在合理的交易条件之下进行,消费者通过等价交换达到了预期的消费目的。交易条件包括了对交易结果能够产生影响的各种因素,如质量、价格、数量、包装等。

合理的交易条件是指交易的价格公平、计量准确、质量合格、交易自愿,经营者不能实施强制性交易或歧视性交易行为。结果公平是交易条件公平,是为了最终实现交易结果的公平。其核心是交易各方在交易过程中获得的利益相当。即消费者以一定数量的货币可换得同等价值的商品或服务。生活中常见侵犯公平交易权情形:商家以假充真、以次充好、缺斤少两、加价销售、牟取暴利、违约毁约等。

【对点案例】

> 山东省临洮县消费者协会接到消费者刘女士的投诉,称其 2017 年 11 月 11 日在临洮县的一个健身中心,以预付的形式办理了一张价值 766 元的游泳培训卡,后来闭馆装修暂停培训服务,2018 年 5 月,游泳馆重新开业,消费者前往却被告知该卡已经过期了,经营者拒绝再继续提供服务,消费者在与经营者多次协商无果后,投诉至临洮县消协请求维权。

5. 求偿权

所谓求偿权是指消费者因购买、使用商品或者接受服务受到人身、财产损害的,享有依法获得赔偿的权利。消费者在购买、使用商品或接受服务时,由于经营者的过失或故意,可能会使人身权或者财产权受到侵害,此时,作为经营者需要承担相应的赔偿责任。

享有求偿的主体是指因购买、使用商品或者接受服务的受害者。受害者包括购买者,即购买商品的消费者;商品的使用者,即不是直接购买商品为自己所用的消费者;接受服务者;第三人,即在别人购买、使用商品或者接受服务的过程中受到人身或财产损害的其他消费者。

6. 结社权

消费者的结社权是指消费者享有依法成立维护自身合法权益的社会组织的权利。目前,消费者依法成立的社会团体是消费者协会和其他消费者组织,这些组织对商品和服务进行社会监督,保护消费者合法权益。例如中国消费者协会,就是消费者结社权的具体体现。

7. 知识获取权

消费者知识获取权是从消费者的知情权中引申出来的一项权

利,其目的是使消费者更好地掌握有关商品、服务和消费市场的知识,以及消费者权益保护方面的知识,从而使消费者正确地使用商品,增强自我保护意识和能力。这一权利包括以下内容:

(1) 有关消费知识获取权,指关于消费商品和服务的基本知识以及关于消费市场和经营者的知识;

(2) 有关消费者权益保护方面的知识,指消费者有权知晓有关消费者权益保护的主要法律法规,知晓消费者应有的权利和经营者应有的义务,了解保护消费者的国家机关和消费者组织以及解决纠纷的途径等。

8. 人格尊严受尊重权

消费者的人格尊严受到尊重,是消费者的权利之一。常见的经营者容易侵犯消费者人格尊严权的情形主要有以下两方面:

(1) 民族风俗习惯。民族之间、地域之间、国内国外风俗习惯差异很大,经营者都应当尊重各地的风俗习惯;

(2) 拒绝接待特定人群。拒绝特定人群的消费者,比如"衣冠不整者""光膀子者""农民工"等,这样的规定是把人分成了三六九等,是以外貌、社会地位等标准划分消费者等级,是对某些人的人格歧视,这在一定意义上侵犯了这些消费者的人格尊严,也剥夺了其消费自主选择权。

9. 监督权

消费者监督权,是指消费者享有对商品和服务以及保护消费者权利工作进行监督的权利。

包括消费者对商品和服务的质量、价格、计量、品种、供应、服务态度、售后服务等进行监督。消费者有权检举、控告侵害消费者权益的行为,有权检举工作人员在保护消费者权益工作中的违法失职行为,同时有权对消费者权益工作提出批评和建议。

三、经营者的义务

"没有无义务的权利,也没有无权利的义务。"由于经营者和顾客之间的权利和义务是相对应的，当经营者和顾客之间形成一定的法律关系后，往往经营者的义务就是顾客的权利，经营者的权利就是顾客的义务。具体包括：

（1）依照法律法规的规定和与消费者的约定履行的义务；
（2）接受消费者监督的义务；
（3）保证商品和服务安全的义务；
（4）提供商品或者服务的质量、性能、用途、有效期限等信息的义务；
（5）标明真实名称和标记的义务；
（6）出具发票等购货凭证或者服务单据的义务；
（7）保证商品或者服务质量的义务；
（8）履行退货、更换、修理的义务；
（9）使用格式条款时对与消费者有重大利害关系的内容负有以显著方式提请消费者注意并按照其要求予以说明的义务；
（10）不得侵犯消费者人格权的义务；
（11）特定领域经营者信息披露的义务；
（12）对收集的消费者个人信息负有信息安全的义务；
（13）不得以无关商业信息侵扰消费者的义务。

四、七日内无理由退货

《消费者权益保护法》第二十五条规定了"七日无理由退货"制度，赋予消费者七日"后悔权"。此后，2017年3月15日《网络购买商品七日无理由退货暂行办法》施行，为"七日无理由退货"的实际执行提供了具体指导。具体而言，经营者采用网络、电视、电话、邮购等方式销售商品，消费者有权自收到商品之日起七日内退货，且无需说明理由。消费者退货的商品应当完好，经营者应当自收到退回商品之日起七日内返还消费者支付的商品价款。

不适用无理由退货的情形：
（1）消费者定作的；

（2）鲜活易腐的；

（3）在线下载或者消费者拆封的音像制品、计算机软件等数字化商品；

（4）交付的报纸、期刊。除前款所列商品外，其他根据商品性质并经消费者在购买时确认不宜退货的商品，退回商品的运费由消费者承担；经营者和消费者另有约定的，按照约定。

可以不适用七日无理由退货规定：

（1）拆封后易影响人身安全或者生命健康的商品，或者拆封后易导致商品品质发生改变的商品；

（2）一经激活或者试用后价值贬损较大的商品；

（3）销售时已明示的临近保质期的商品、有瑕疵的商品。

【对点案例】

2018年7月，杨某从网上购买了一部手机，支付货款5 800元。杨某于当日收货后，拆封了手机的包装盒，进行了开机，后以"屏幕不好"为由要求退货。次日，该卖家将手机取回后进行检测，结果为测试未见故障，拒绝了杨某的退货申请，并将手机再次邮寄给杨某。经双方协商无果，杨某遂将该公司诉至法院，要求退货退款。法院经审理认为，杨某在某公司处购买商品，双方之间建立了有效的网络购物合同关系。根据法律规定，消费者退货的商品应当完好。对于不同的商品，"完好"的标准是有区别的。消费者基于查验需要而打开商品包装，或者为确认商品品质、功能而进行合理的调试不影响商品的完好。本案中，手机属于电子电器类商品，一般情况下，此类商品的"完好"并非"商品包装完好"。对于手机这类商品，消费者拆封、开机，才能确认商品的品质和功能，且拆封、开机不会导致商品品质发生改变，故单纯的包装拆封及手机开机不能成为网络商品销售者排除适用七日无理由退货规定的理由，故依法判决支持了杨某的诉讼请求。

【对点案例】

钟某于2020年1月网上购买了水暖床垫、水暖毯一套，支付价款2 029元。卖家在涉案商品展示网页上有"温馨提示：支持7天无理由退货（使用后不支持）"的提示字样。钟某收货后在7日内向该公司提出退货申请，该公司以商品使用过为由拒绝退货。钟某为此将该公司诉至法院。法院认为，钟某与某公司依法成立网络购物合同关系。本案中，某公司虽然在涉案商品介绍页面中有"温馨提示：支持7天无理由退货（使用后不支持）"的标注，但涉案商品不属于消费者权益保护法第二十五条第一款规定的不适用七日内无理由退货的商品，且该公司在商品销售必经流程中没有设置显著的确认程序，供消费者对单次购买行为进行确认。钟某也没有在购买时确认该商品为其他根据商品性质不宜退货的情况，故卖家辩称钟某所购商品已经使用，无法按七日内无理由退货处理，于法无据，最终法院依法判决支持钟某的诉讼请求。

五、惩罚性赔偿

惩罚性赔偿是指由法庭做出的赔偿数额超出损害数额的赔偿，是加重赔偿的一种形式，它具有严惩违法与侵权、补偿受害人遭受的损失、遏制不法行为等多重功能。我国《消费者权益保护法》第五十五条规定："经营者提供的商品或者服务有欺诈行为，应当按照消费者的要求增加赔偿其受到的损失，增加赔偿的金额为消费者购买商品的价款或者接受服务的费用的三倍；增加赔偿的金额不足五百元的，为五百元。法律另有规定的，依照其规定。"该条规定旨在通过对请求人提供较充分的补偿，鼓励消费者同欺诈行为和假货作斗争，以维护全体消费者的共同利益不受侵犯。

根据我国《消费者权益保护法》规定，消费者权益保护中惩罚性赔偿金的适用一般应具备如下条件：

（1）适用惩罚性赔偿金的法律关系的主体是经营者和消费者。消费者是请求权的权利主体，经营者是惩罚性赔偿的义务主体，其他人不能成为惩罚性赔偿的主体。它不仅包括为自己生活需要购买商品的人，也包括为收藏、保存、送人等需要而购买商品的人，还包括替家人、朋友购买物品以及代理他人购买生活用品的人。

（2）经营者提供商品或者服务有欺诈行为。通常认为一方当事人故意告知对方虚假情况，或者故意隐瞒真实情况，诱使对方当事人作出错误的意思表示的，可以认定为欺诈行为。

（3）惩罚性赔偿以消费者有实际损失为要件。通常认为消费者购买商品或接受服务要支付价款，如果支付价款后所得到的商品或者服务是不真实的或者质量有瑕疵时，就认定消费者受到了损害，包括物质损失、精神损害以及其他无形的精神损害，可以要求惩罚性赔偿金。

（4）必须由受欺诈的消费者提出双倍赔偿的要求。因为民事责任的承担遵循"不告不理"的原则，如果消费者没有提出该要求，人民法院不能依职权主动追究经营者双倍赔偿的责任。

值得注意的是，由于食品质量安全问题与百姓的生命健康息息相关，我国建立了严格的食品安全监管制度，针对食品安全问题采用"十倍"惩罚性赔偿。《食品安全法》第一百四十八条第二款规定，生产不符合食品安全标准的食品或者经营明知是不符合食品安全标准的食品，消费者除要求赔偿损失外，还可以向生产者或者经营者要求支付价款十倍或者损失三倍的赔偿金增加赔偿的金额不足一千元的，为一千元。但是，食品的标签、说明书存在不影响食品安全且不会对消费者造成误导的瑕疵的除外。

【小贴士】

职业打假——"王海"现象

1995年3月，一位叫王海的山东无业青年，从1993年制定的《消费者权益保护法》第49条"1+1赔偿"规定发现了谋生的机会，他开始四处购买假货然后向商家索取双倍赔偿。同年，他获得了中国第一个"消费者打假奖"，在这样的鼓舞之下，全国出现了一大批和王海一样购假索赔的职业打假人。由于知假买假的行为具有明显的牟利性，一时间引发了热议。

到底知假买家的行为是否受消费者权益保护法的调整？

有人认为，判断知假卖家行为是否受消费权益法保护，首先应判断他是否属于消费者，消费者的标准，不是以购买者的主观状态来判断，而是标的物的性质，只要购买的物品是生活消费资料，就是消费者。打假行为有利于净化市场，维护消费者利益要全社会包括打假人的积极参与。也有人认为职业打假人购买的商品并未为了消费，也非为了净化市场，而是利用惩罚性赔偿为自身牟利或借机对商家进行敲诈勒索，其购买性质为营利。知假打假属于不道德的行为，违背了诚实信用原则，不应受《消费者权益保护法》保护。

国家市场监督管理总局发布《市场监督管理投诉举报处理暂行办法》（下称"暂行办法"），明确规定"不是为生活消费需要购买、使用商品或者接受服务，或者不能证明与被投诉人之间存在消费者权益争议的"投诉，市场监督管理部门不予受理。这意味着，以"打假"等名义实施恶意投诉的"职业索赔"行为将受到规制。该暂行办法自2020年1月1日起施行。

这一规定既符合消费者权益保护法有关消费者定义的规定，又关闭了以营利为目的的所谓职业索赔人的投诉之门，但如何认定是消费者以生活需要为目的的消费行为，还是职业索赔人以营利为目的的行为，在实践中可能存在难度。

六、消费公益诉讼

消费公益诉讼是指在经营者的不法行为侵害了或者有侵害不特定消费者合法权益的可能的情况下，依据法律授权的特定的社会组织或者个人，为了维护消费者公众利益而向人民法院提起诉讼，由人民法院依法处理此案件的诉讼行为。《消费者权益保护法》第三十七条规定，消费者协会可以履行支持受损害的消费者提起诉讼，或者由其自身代表消费者依法提起诉讼的公益性职责。

第四节　商标法

【法谚法语】

> "人们嘴上挂着的法律，其真实含义是财富。"
> ——（美）爱默生

品牌一旦在消费者的心目中确立起来，就可以成为象征质量和安全的一个符号。在多元化消费的时代，品牌的声誉将逐渐成为农产品消费的主要趋向，引导农产品的消费。近年来，随着现代农业的快速发展，农业从业者的品牌意识逐渐提升，大家都开始重视打造自己的农业特色品牌。要把品牌做大做强，首先就得注册商标，但是，许多"新农人"并不清楚该如何注册，需要经过哪些流程。答案就在《商标法》里。

【案例导入】

"五常大米"是我国黑龙江哈尔滨五常市特产,也是我国国家地理标志产品。2018年5月,山西某公司在某电商平台上开设店铺,在未经商标权人同意情况下,销售标示为"东北五常大米"的大米产品。该大米产品包装袋正面左上角标有该公司拥有商标专用权的"九州香"商标,右边竖列印有"古法自然稻花香大米源于黑龙江五常"字样,其中"五常"二字较其他字体更大、更明显,且用方框予以标示,包装袋背面标有种植基地黑龙江省五常市。

【思考】 山西某公司的行为是否构成侵权,理由是什么?

一、商标与商标权

(一) 商标的概念与特征

商标是指生产商品生产者或者商品经营者为了使自己的商品或者服务在市场上与其他同行的或者服务相区别而使用的文字、图形或者文字与图像相结合的标记。我国《商标法》第八条规定:"任何能够将自然人、法人或者其他组织的商品与他人的商品区别开的标志,包括文字、图形、字母、数字、三维标志、颜色组合和声音等,以及上述要素的组合,均可以作为商标申请注册"。

商标具有区别于标识的特征:

(1) 商标具有竞争性。是参与市场竞争的工具。生产经营者的竞争就是商品或服务质量与信誉的竞争,其表现形式就是商标知名度的竞争,商标知名度越高,其商品或服务的竞争力就越强。

(2) 商标具有商业价值。商标的价值可以通过评估确定。商标可以有偿转让;经商标所有权人同意,许可他人使用。

(3) 商标具有独占性。使用商标的目的是区别与他人的商品来源或服务项目,便于消费者识别。所以,注册商标所有人对其商标具有专用权、独占权，未经注册商标所有人许可，他人不得擅自使用。否则，即构成侵犯注册商标所有人的商标权，违反我国商标法律规定。

（4）商标具有显著性。其既区别于具有叙述性、公知公用性质的标志，又区别于他人商品或服务的标志，从而便于消费者识别。

（二）商标与相近标记的联系与区别

1. 商标与商号

商号也称字号，是经营者在营业上表示自己的名称。商号是商人的字号，是商人在经营活动中人格的体现。商号与商标经常联系紧密，比如，有些老字号企业干脆就用商号作为其商品的商标，例如"张小泉"剪刀、"六必居"酱菜等。二者区别如下：

（1）标志物不同。商标是商品上的标记，只有商品上才能使用商标，所以商标一般与某种特定的商品联系而存在；商号是企业营业的标志，它用于经营活动中，与工商企业主体经营活动关联。所以，它常与商品的生产者或经营者相联系而存在。

（2）商号保护和商标保护的法律依据不同，受保护的范围也不同。商号依《工商企业名称登记管理暂行规定》进行登记，可获得商号权；商标依《商标法》申请注册，获得商标权。在我国，经注册核准的商标在全国范围受法律保护；而商号只在商人注册登记的区域范围内受到保护。

2. 商标与商品装潢

商品装潢是用来装饰、宣传商品而存在的。它通过与众不同的图案、色彩、文字、造型甚至新型材料来装饰商品，达到美化商品的，引人注目、刺激消费者购买的目的。商标与商品装潢往往同时出现在商品或其包装上，二者紧密联系在一起，为同一商品服务。而二者性质不同，区别如下：

（1）使用的目的不同。装潢的使用目的就是为了保护商品、美化商品和宣传商品，引起人们对商品的美感和需求欲望，以便刺激消费购买；使用商标是为了区分商品，即把不同企业的同一种或类似商品区别开来，带有身份属性。

（2）专用性不同。商品装潢是非专用的，亦无须注册，任何人都可以根据市场和顾客的需要，随时加以变动或改进。但有时商品装潢的包装图案作为其商标依法注册，则该商品装潢又有商标性质、具有商标专用性，享有注册商标专用权。商标一旦依法注册，商标所有者便取得商标专用权，其他任何人未经许可，不得在同种商品或类似商品上使用与该注册商标相同或近似的商标，否则即视为侵权。

3. 商标与外观设计

商标与外观设计都是工业产权，都是形状、图案、色彩的结合，都必须富于美感。作为一种外在标志或装饰，均与具体的商品质量密切联系，是商品广告的常可利用的有效手段。

两者的区别在于：

（1）两者的功能和作用不同。商标的功能和作用在于区分不同的商品或者服务以及商品或者服务的不同生产者、经营者或者提供者；外观设计的功能和作用在于美化商品，不具有区分商品或者服务以及其生产者、经营者或者服务的提供者的功能和作用。

（2）保护期限不同。商标被核准注册后，受商标法的保护，如果依法续展下去，就可以永远受到保护；外观设计获得专利权之后，受专利法的保护，但是其保护期限一般为 5 至 10 年。

4. 商标与地理标志

地理标志并非我国自然产生的法律名词，而是在中国加入 WTO 后，《与贸易有关的知识产权协定》中有关于地理标志的定义，是指"标志出某商品来源于某地域内，或者来源于该地域内的某区域或者地方，而该商品的特定质量、信誉或者其他特征归因于其地理来源"。学界通常认为，地理标志是一种特殊的商标，立法中普遍将其作为集体商标或者证明商标进行保护。地理标志具有一定的识别作用，其与普通商标的区别在于：

（1）适用对象不同。普通商标所识别的是某一经营者不同于其他任何经营者的同一种商品或服务；而地理标志则只标明商品来源于某一特定地区。比如信阳毛尖茶叶、章丘大葱、安溪铁观音、涪陵榨菜、绍兴黄酒、阳澄湖大闸蟹等。

（2）名称选择的灵活程度不同。普通商标通常保护新奇标志或者主观标志，而用作地理标志的名称通常由地理区域的名称预先决定，无法自由调整。

（3）使用主体不同。普通商标只能为特定的经营者所专用，地理标志则可由某一特定地域范围内生产具有相同特征的同一商品的所有经营者共同使用，各个经营者在使用该地理标志的同时，又有自己的商标用以区别不同的经营者。产地标记则是依照相关法律法规，商品生产者、经营者必须如实标明商品制造、生产地所使用的标志。

（三）商标权

商标权是商标注册人对其注册商标享有的权利，它是一个集合概念，具体而言包括商标所有权和与之相关联的商标专用权、商标转让权、商标许可权等多项权利。

商标专用权。商标专用权是指注册商标所有人在核定使用的商品上使用和核准注册的商标权利，主要是指使用于商品、包装、容器等上，也可以是间接地适用于商品广告宣传、展览等其他业务上。禁止任何第三方未经许可在相同或者相近的商标上的权利。禁止使用范围大于许可范围。

商标转让权。商标转让权是指注册商标所有权人将其注册的商标转移给他人所有的权利，转让注册商标，除了由双方当事人签订合同之外，转让人和受让人应共同向商标局提出申请，经商标局核准并公告，否则转让无效。

商标许可权。商标许可权是指注册商标权人许可他人使用其注册商标的权利。在商标使用许可关系中，许可人应该提供合法的被许可使用的注册商标，监督被许可人在许可范围内使用商标。

【对点案例】

"赣南脐橙"遭遇假冒

【案情简介】赣南脐橙是国家地理标志产品，也是赣南革命老区的"脱贫果""致富果"，已带动当地70多万人脱贫致富。江西省赣州市安远县人民法院日前对一起非法使用"赣南脐橙"注册商标、侵犯地理标志证明商标专用权案件作出一审判决，4名被告及造假公司均受到法律惩处。

经查，2016年12月12日，经营水果生意的符某在湖北省某县购得当地脐橙780件，运至赣州市安远县金某隆生态农业发展有限公司进行外包装。该公司黄某梁明知符某采购的脐橙非赣南脐橙，仍然为其提供印有"赣南脐橙"字样的包装纸箱、精品塑料袋、箱贴，进行分级加工，双方约定每千克收取0.28元加工费。经鉴定，该批脐橙数量为7 770千克，价值50160元。

2016年11—12月，安远县金某隆生态农业发展有限公司又分两次将谢某成、唐某丰、谢某清（在逃）、梅某（在逃）四人采购的29 220千克外地脐橙包装成赣南脐橙，并以每千克0.28元收取加工费。经鉴定，该批脐橙价值233 760元。

一审法院审理认为，被告符某、谢某成、唐某丰、黄某梁，被告单位安远县金某隆生态农业发展有限公司利用外地脐橙假冒赣南脐橙，非法使用"赣南脐橙"注册商标，其行为已经构成假冒注册商标罪。

法院依法判处符某罚金2万元，判处被告唐某丰有期徒刑1年6个月，缓刑1年10个月，并处罚金8万元。判处谢某成有期徒刑 1 年 9 个月，缓刑 2 年，并处罚金 9 万元。判处被告人黄某梁有期徒刑 3 年，缓刑 4 年，并处罚金 11 万元。判处被告单位安远县金某隆生态农业发展有限公司罚金 33 万元。

【案例评析】国家地理标志属于一种特殊的商标，受《商标法》的调整与保护。本案中赣南脐橙是国家地理标志产品，符某、谢某成、唐某丰、黄某梁，被告单位安远县金某隆生态农业发展有限公司未经许可利用外地脐橙假冒赣南脐橙，构成对赣南脐橙国家地理标志的侵害，累计价值 233 760 元，属于情节严重，根据《刑法》第二百一十三规定，未经注册商标所有人许可，在同一种商品上使用与其注册商标相同的商标，情节严重的，处 3 年以下有期徒刑或者拘役，并处或者单处罚金；情节特别严重的，处 3 年以上 7 年以下有期徒刑，并处罚金。

二、申请商标注册

（一）申请商标注册的法定条件

《商标法》第四条规定，自然人、法人或者其他组织在生产经营活动中，对其商品或者服务需要取得商标专用权的，应当向商标局申请商标注册。其中单纯的自然人是不能申请注册商标，需以经营主体为依托，如个体工商户、个人独资企业等。根据商标法规定，只有符合如下条件，才能申请商标注册：

（1）申请注册的商标必须具备法定的构成要素，即必须是文字、图形或其组合，否则不能作为商标使用；

（2）商标使用的文字、图形或其组合应当具有显著特征，便于识别。其中显著性是指应具有其明显的特色；

（3）申请注册的商标不得与他人在同一商品或类似商品上注册的商标或初步审定的相同或相似。

(4)申请注册的商标不得使用法律所禁止使用的文字、图形。

【对点案例】

【案例简介】"渣渣辉"一词意外成为网络热词,某公司想把其注册为商标,2018年4月某公司申请注册"渣渣辉"商标遭驳回,因违反商标法中规定"有害于社会主义道德风尚或者有其他不良影响的标志不得作为商标使用"的情形,国家知识产权局予以驳回。某公司不服,故起诉国家知识产权局提起行政诉讼,但一审败诉。某公司提起上诉,二审法院认为,此处"渣渣"字被认为是"差""烂"等具有贬低人格的含义,"渣渣"二字并不因与"辉"并用而不含有贬义,故驳回上诉,维持原判。

【案例评析】在商标局每年收到的注册商标申请中,有众多商标因为易产生不良影响、容易损害社会主义道德风尚而遭驳回。因此,在注册商标中应避免此类名称的出现。我国《商标法》第十条第一款规定了禁止作为商标使用的标志,其中第(八)项规定:"有害于社会主义道德风尚或者有其他不良影响的"标志不得作为商标使用。具体包括以下几点:

(1)具有政治上的不良影响,有害于种族尊严或者感情,有害于宗教信仰、宗教感情或者民间信仰;

(2)与我国各党派、政府机构、社会团体等单位或者组织的名称、标志相同或者近似;

(3)与我国党政机关的职务或者军队的行政职务、职衔的名称相同;

(4)与各国法定货币的图案、名称或标记相同或近似,由企业名称构成或包含企业名称等容易误导公众的情形。

> 总的来说，在选择商标注册过程中，尽量遵循好听、好读好记、好意、好看原则，名字选择突出产品特点、同时考虑消费者心理。

（二）申请商标注册的程序

商标注册申请程序包括申请、受理审查、公告、复审、核准注册五个步骤。

1. 商标注册的申请

商标注册申请人应当按照规定的商品分类表填报使用商标的商品类别的商品名称提出申请。商标的申请原则为一类商品一件商标一份申请的原则，即在同一份申请书中，只允许申报一件商标并限定在同一类别商品上。申请人应提交的材料有：商标注册申请书、委托书、商标图样、相关证明文件。

2. 商标注册的审查

商标局在收到申请材料后，主要进行形式审查和实质审查，形式审查主要是审查该商标注册申请是否具有法定的条件和手续，申请日期以收到书件之日期为准；实质审查主要是对提出注册申请的商标是否具有符合申请注册的法定条件。

3. 初步审定并公告

商标局经审查后认为申请注册符合法定全部条件后，作出初步核准的决定，即初步审定。初步审定合格后会对外进行公示，征求社会公众的意见，公示异议期一般为3个月，任何人均可在有效的期间内提出异议。

4. 商标复审

若在异议期间内有人提出异议申请且裁定该商标被驳回的，申请人对裁定异议可以自收到驳回通知书或异议裁定书之日起15日内进行复审，复审裁定维持的可以向人民法院提起诉讼。

5. 核准注册

商标局对初步审定的商标，自公告之日起 3 个月内无人提出异议或者经裁定异议不成立的，予以核准注册，发放商标注册证，并进行公告。

三、注册商标的法律保护

（一）注册商标的有效期

商标被注册后，商标权将受到保护，任何人不得利用他人所有的商标进行营利活动，给商标权人造成任何损害都应当负有赔偿责任。这是市场经济运行过程中，对于市场主体权利的一种保护。当然商标权也不是无限期的。根据《商标法》第三十九条、第四十条的规定，注册商标的有效期为 10 年，自核准注册之日起计算。注册商标有效期满，需要继续使用的，商标注册人应当在期满前 12 个月内按照规定办理续展手续；在此期间未能办理的，可以给予 6 个月的宽展期。每次续展注册的有效期为 10 年，自该商标上一届有效期满次日起计算。期满未办理续展手续的，注销其注册商标。商标局应当对续展注册的商标予以公告。

（二）常见商标侵权行为

商标侵权行为是指侵犯他人注册商标专用权的行为，常见的包括以下七类：

（1）未经商标注册人的许可，在同一种商品上使用与其注册商标相同的商标的；

（2）犯注册商标专用权的商品的；

（3）未经商标注册人的许可，在同一种商品上使用与其注册商标近似的商标，或者在类似商品上使用与其注册商标相同或者近似的商标，容易导致混淆的；

（4）伪造、擅自制造他人注册商标标识或者销售伪造、擅自制造的注册商标标识的；

（5）未经商标注册人同意，更换其注册商标并将该更换商标的商品又投入市场的；

（6）故意为侵犯他人商标专用权行为提供便利条件，帮助他人实施侵犯商标专用权行为的；

（7）给他人的注册商标专用权造成其他损害的。

需要注意的是，根据《商标法》第五十八条规定，将他人注册商标、未注册的驰名商标作为企业名称中的字号使用误导公众，构成不正当竞争行为的，依照《反不正当竞争法》处理。

【对点案例】

【案情简介】2019年5月，某市监督管理局在市场进行常规检查时，发现商贩欣某、狄某、俞某三人假冒伪造"阳澄湖"大闸蟹专用标识蟹扣，数量分别为欣某140个、狄某1 000个和俞某100个。经鉴定，被查扣的上述蟹扣均非苏州市"阳澄湖"大闸蟹地理标志产品保护管理委员会制作发放。阳澄湖蟹业协会知晓后向当地法院提起诉讼，成为该省首例侵犯"阳澄湖"大闸蟹地理标志产品案。

【案例评析】案件中，欣某、狄某、俞某三人在未经商标权人同意的情况下擅自使用利用驰名国家地理产品标识"阳澄湖"大闸蟹专用标识蟹扣，根据《商标法》第五十七条的规定，"未经商标注册人许可，在同一种商品上使用与其注册商标相同的商标的"，或者"未经商标注册人许可，在同一种商品上使用与其注册商标近似的商标，或者在类似商品上使用与其注册商标相同或者近似的商标，容易导致混淆的"行为，构成商标侵权行为。

(三) 侵犯商标权的法律责任

1. 民事责任

民事责任具体包括 4 种类型：停止侵害，赔偿损失，消除影响、恢复名誉，赔礼道歉。侵犯商标专用权的赔偿数额，为侵权人在侵权期间因侵权所获得的利益，或者被侵权人在被侵权期间所受到的损失，包括被侵权人为制止侵权行为所支付的合理开支；侵权损失难以确定的，由人民法院根据侵权行为的情节判决给予 50 万元以下的赔偿。销售不知道是侵犯注册商标专用权的商品，能证明该商品是自己合法取得的并说明提供者的，不承担赔偿责任。

2. 行政责任

（1）责令立即停止侵权行为；

（2）没收、销毁侵权商品和专门用于制造侵权商品、伪造注册商标标识的工具；

（3）工商行政管理机关对侵犯他人注册商标专用权的，处以非法经营额 3 倍以下的罚款；非法经营额无法计算的，处以 10 万元以下的罚款。

3. 刑事责任

（1）假冒注册商标罪。未经注册商标所有人许可，在同一种商品、服务上使用与其注册商标相同的商标，情节严重的，处 3 年以下有期徒刑，并处或者单处罚金；情节特别严重的，处 3 年以上 10 年以下有期徒刑，并处罚金。

（2）销售假冒注册商标的商品罪。销售明知是假冒注册商标的商品，违法所得数额较大或者有其他严重情节的，处 3 年以下有期徒刑，并处或者单处罚金；违法所得数额巨大或者有其他特别严重情节的，处 3 年以上 10 年以下有期徒刑，并处罚金。

（3）非法制造注册商标标识罪。伪造、擅自制造他人注册商标标识或者销售伪造、擅自制造的注册商标标识，情节严重的，处 3 年以下有期徒刑，并处或者单处罚金；情节特别严重的，处 3 年以上 10 年以下有期徒刑，并处罚金。

第七章　涉农刑事法律制度

【法谚法语】

> "犯罪总是以惩罚相补偿；只有处罚才能使犯罪得到偿还。"
>
> ——（英）达雷尔

第一节　刑法的基本理论

【案例导入】

2014年11月至2015年1月，王力军未办理粮食收购许可证，未经工商行政管理机关核准登记并颁发营业执照，擅自在临河区白脑包镇附近村组无证照违法收购玉米，将所收购的玉米卖给粮油公司，经营数额218 288.6元，非法获利6 000元。案发后，王力军主动到公安机关投案自首，并退缴获利6 000元。检察院以非法经营罪对王力军提起公诉，法院于2016年4月以非法经营罪判处王力军有期徒刑1年，缓刑2年，并处罚金人民币2万元。一审宣判后，王力军未上诉，检察机关未抗诉，判决发生法律效力。2016年12月，最高人民法院作出再审决定，指令巴彦淖尔市中级人民法院对本案进行再审。巴彦淖尔市中级人民法院对王力军非法经营案依法再审，撤销了原审判决，改判王力军无罪。

本案再审改判，对于明确犯罪界限，促进粮食流通体制改革具有重要意义，用个案促进了良法善治和经济行政管理领域改革，取得了良好的法律效果和社会效果。

一、刑法的概念与功能

（一）刑法的概念

刑法是规定犯罪及其法律后果（主要是指刑罚）的法律规范的总称。通俗来讲，刑法就是规定哪些行为属于犯罪行为，实施后行为人需要承担哪种刑罚或制裁的法律。

我国刑法存在形式主要包含了1部刑法典及多个刑法修正案，和1个单行刑法：我国现行刑法典是1997年颁布并实施的《刑法》。刑法修正案与现行刑法典具有同等法律效力，共同构成我国刑法的主体。目前，我国的单行刑法只有一个，即全国人大常委会在1998年12月29日颁布的《关于惩治骗购外汇、逃汇和非法买卖外汇犯罪的决定》。

（二）刑法的任务与功能

刑法的任务是用刑罚同一切犯罪行为作斗争，以保卫国家安全，保卫人民民主专政的政权和社会主义制度，保护国有财产和劳动群众集体所有的财产，保护公民私人所有的财产，保护公民的人身权利、民主权利和其他权利，维护社会秩序、经济秩序，保障社会主义建设事业的顺利进行。

刑法的功能包含两个方面：

（1）保护社会的功能。刑法规定犯罪与刑罚就是为了维护社会秩序，保护被害人不受侵害。

（2）保障人权功能。刑法具有限制国家刑罚权发动的机能，既保障公民的人权不受侵害，也保障犯罪人的人权不受侵害。

二、刑法的基本原则

刑法的基本原则是指贯穿于刑事立法和刑事司法的全过程，必须一体遵循的根本性准则。我国的刑法基本原则有罪刑法定、刑法适用人人平等原则、罪责刑相适应原则。

（一）罪刑法定原则

罪刑法定原则是指法律明文规定为犯罪行为的，依照法律定罪处刑；法律没有明文规定为犯罪行为的，不得定罪处刑。简言之就是"法无明文规定不为罪，法无明文规定不处罚"。罪刑法定原则包含以下几个方面：

（1）法定性原则。刑法应当是由国家立法机关作出的成文法律。换言之，关于犯罪与刑罚的规定都应当以成文法律的形式表现出来。

（2）禁止事后法、禁止类推解释。刑法原则上不溯及既往，因此刑法只对法律生效后的行为适用。类推解释是对刑法没有规定为犯罪的行为比照刑法分则最类似的条文进行定罪处罚，这会对公民的自由与权利造成严重威胁，因此也被严格禁止。

（3）明确性原则。刑法对于犯罪与刑罚的规定都应当做到尽量明确、意思清晰，让公民确切知道什么行为是被法律所禁止的。

（4）人道性原则。对于刑罚的规定应当做到重罪重罚、轻罪轻罚、无罪不罚，禁止残酷性刑罚。

【对点案例】

【案情简介】瑞士境内的阿尔卑斯山下有一条美丽的小溪。这里水流湍急，是大马哈鱼一年一度溯游而上，回到河上游产卵的必经之地。同时，这里也成了钓鱼爱好者的理想渔场，每年因钓鱼给大马哈鱼群带来的灾难性损失，据说是自然损失的好几倍。于是瑞士政府在河边立了块牌子,上面用各种文字写着:"禁止在此钓鱼"。不可以钓鱼,我是不是可以用其他方法捕鱼呢?于是就有当地居民在浅滩处设网捕鱼,据说每天都能满载而归。政府发现后说这种行为违反了法令,可捕鱼者也振振有词,说你只说不可以钓鱼,没说不能捕鱼。官司一直打到瑞士的法院,法官认为:禁止钓鱼是为了保护大马哈鱼群不受自然力以外的侵袭。而捕鱼对大马哈鱼群的威胁远甚于钓鱼,故禁止了一切对大马哈鱼的捕捞活动。捕鱼者还被判了监禁。

【案例评析】"法无明文规定不为罪",这是所有法律的一个基本法理。但是,什么叫"明文"?并不是一定要写清楚罪名、犯罪构成、主客观要件等犯罪各方面的条文才叫"明文"。"明文",是指那些透露着立法者意图的条文,法官可以直接依据自己的正义观念和对立法意图的理解来判决案件。在本案中,捕鱼相比于钓鱼的行为对大马哈鱼危害性更大,根据举重以明轻,举轻以明重原则,符合立法解释。

(二) 刑法适用人人平等原则

对任何人犯罪,在适用法律上一律平等。不允许任何人有超越法律的特权。主要包括:

(1) 在定罪上平等。任何人犯罪一律适用相同的定罪标准。

(2) 在刑罚裁量上平等。对于任何人,只要犯有相同的罪行,都应当按照刑法规定的量刑标准进行处罚,不能因为行为人的身份、地位等而任意加重或者减轻刑罚。

(3) 在刑罚执行上平等。对于判处相同刑罚的人都应当受到相同的对待。不能因为身份、地位、财产等给一部分人特殊对待或歧视对待。

（三）罪责刑相适应原则

刑罚的轻重，应当与犯罪分子所犯罪行和承担的刑事责任相适应。主要包含：

（1）刑罚的轻重应当与罪犯所犯罪行大小相适应。犯罪的结果越重，犯罪的数额越大，刑罚也越重。例如故意杀害两个人的刑罚重于故意杀害一个人的刑罚；盗窃10万元的刑罚重于盗窃1万元的刑罚。

（2）刑罚的轻重与刑事责任的大小相适应。例如故意杀人的人身危险性就比过失杀人的人身危险性要大，所以故意杀人的刑罚也应当重于过失杀人。

【对点案例】

【案情简介】2006年4月21日晚10时许，位于广州市天河区黄埔大道西平云路的广州市商业银行的一台自动取款机（ATM），由于广电运通金融电子股份有限公司为其进行系统升级，一度出现故障。在当晚10时左右，24岁的山西省临汾市襄汾县小伙子许霆取款时发现，他的储蓄账户里只有170多元，插入储蓄卡输入密码想取款100元，但在操作时不慎多按了个"0"变成提款1 000元，而ATM竟然依其指令吐出1 000元供其支取，同时只扣除账户里的1元钱。他尝试性地再取一次钱，还是取1 000元扣1元。于是，许霆利用他余额170多元的银行卡，分171次从ATM中提取了17.5万元。事后，许霆携赃款潜逃，2007年5月，许霆在陕西省宝鸡市火车站被警方抓获。

广州市中级人民法院于2007年11月20日作出刑事判决，认定被告人许霆犯盗窃罪，判处无期徒刑，剥夺政治权利终身，并处没收个人全部财产；追缴被告人许霆的违法所得17.5万元发还广州市商业银行。宣判后，许霆不服，提出上诉。广东省高级人民法院撤销广州市中级人民法院刑事判决，发回广州市中级人民法院重新审判。广州市中级人民法院另行组成合议庭于2008年3月31日作出判决被告人许霆犯盗窃罪，判处有期徒刑5年，并处罚金2万元。追缴被告人许霆的犯罪所得173 826元，发还受害单位。宣判后，许霆不服提出上诉。广东省高级人民法院于2008年5月22日作出刑事裁定，驳回上诉，维持原判。

【案例评析】本案中许霆的行为已经构成盗窃罪，且属盗窃金融机构，数额特别巨大，许霆没有法定减轻处罚情节，如仅适用刑法分则关于盗窃罪的规定，应当判处无期徒刑及以上刑罚。但是，许霆的犯罪对象、犯罪手段、犯罪条件等具有特殊性：第一，许霆取款的柜员机出现了故障，已非正常的"金融机构"。许霆并无犯罪预谋，正是偶然发现了柜员机的异常情况才临时产生犯意，许霆的盗窃行为之所以得逞，除了其本人主动实施恶意取款行为外，柜员机的故障客观上提供了便利。第二，许霆的行为虽然构成了盗窃罪，但其采取的犯罪手段在形式上合乎柜员机取款的要求，与采取破坏柜员机或进入金融机构营业场所内部盗窃等手段相比，其社会危害性要小。第三，许霆的犯罪极具偶然性，是在柜员机出现故障这样极为罕见和特殊的情形下诱发的犯罪，类似情况难以复制和模仿，对许霆科以适度的刑罚就能够达到刑罚的预防目的，没有必要对其判处无期徒刑及以上刑罚。考虑到上述特殊情况，许霆具有可以减轻处罚的酌定情节，如果仅仅适用刑法分则的规定，对许霆在法定量刑幅度内判处最低刑罚仍属过重，有违刑法总则中所规定的罪责刑相适应的基本原则。

第二节　犯罪与刑罚

【法谚法语】

> "无论是对个人还是对社会，预防犯罪行为的发生要比处罚已经发生的犯罪行为更有价值，更为重要。"
> ——（德）李斯特

【案例导入】

2021年6月22日，松门派出所的民警查获了一起非法掏拾野生鸟蛋的案件，3名女性嫌疑人雇船上无人岛，先后捡走岛上555枚鸟蛋，准备煮来吃。"我们听外面传言，吃野鸟蛋很补，就想着多捡一些回家吃。"于是捡螺变成了捡拾鸟蛋。捡回来后，大家就把鸟蛋暂时统一放在了孔某家的冰箱里，要吃的时候去孔某家里拿。经过现场清点，加上碗里破损的几个蛋，民警一共在孔某家查获555枚鸟蛋。此后3名犯罪嫌疑人因涉嫌非法狩猎罪被温岭市公安局刑事拘留。

【思考】3名女性为什么会构成犯罪？

一、犯罪

犯罪是指一切危害国家主权、领土完整和安全，分裂国家、颠覆人民民主专政的政权和推翻社会主义制度，破坏社会秩序和经济秩序，侵犯国有财产或者劳动群众集体所有的财产，侵犯公民私人所有的财产，侵犯公民的人身权利、民主权利和其他权利，以及其他危害社会的行为，依照法律应当受刑罚处罚的行为。但情节显著轻微危害不大的，不认为是犯罪。犯罪具有以下特征：

（1）犯罪具有社会危害性。犯罪是严重危害社会的行为，社会危害性也是犯罪最本质并具有决定意义的特征，"衡量犯罪的标准是它对社会的危害"。

（2）犯罪具有刑事违法性。换言之，犯罪是违反刑法规定的行为。

（3）犯罪具有刑罚处罚性。也就是说犯罪是需要受到刑罚处罚的。例如盗窃数额较大的财物，可能判处3年以下有期徒刑、拘役或者管制；故意杀人的，可能判处3年以上10年以下有期徒刑。

二、犯罪的构成要件

犯罪构成要件是刑法所规定的具体犯罪的成立条件。即犯罪的构成的要素。我国目前普遍采用"四要件说"，即犯罪主体、主观方面、犯罪客体、客观方面。

（一）犯罪的主体要件

实施犯罪的主体主要是自然人，单位在例外情况下也可以成为主体。本节主要介绍主体为自然人的情况。

1. 年龄与刑事责任

刑事责任能力是指主体构成犯罪和承担刑事责任所必需的辨认和控制自己行为的能力。不具备刑事责任能力的人不能被追究刑事责任，刑事责任能力减弱者，其刑事责任相应地适当减轻。

刑事责任年龄对照表

年龄阶段	承担刑事类型	法律后果
≤14周岁	无刑事责任	一般不负刑事责任
14~16周岁	相对刑事责任	犯故意杀人、故意伤害致人重伤或者死亡、强奸、抢劫、贩卖毒品、放火、爆炸、投放危险物质八种犯罪负刑事责任
≥16周岁	完全刑事责任	应当负刑事责任
≤18周岁	减轻刑事责任	应当从轻或减轻处罚，同时不能适用死刑

续表

年龄阶段	承担刑事类型	法律后果
≥75周岁	减轻刑事责任	故意犯罪的，可以从轻或者减轻处罚；过失犯罪的，应当从轻或者减轻处罚。
12~14周岁	恶意年龄补足刑事责任	犯故意杀人、故意伤害罪，致人死亡或者以特别残忍手段致人重伤造成严重残疾，情节恶劣，经最高人民检察院核准追诉的，应当负刑事责任

2. 生理与精神状态

生理与精神状态也是影响人的刑事责任能力的重要因素之一，可能导致刑事责任能力的减弱或者丧失。

（1）精神病人。精神病人在不能辨认或者不能控制自己行为的时候造成危害结果，经法定程序鉴定确认的，不负刑事责任，但是应当责令他的家属或者监护人严加看管和医疗；在必要的时候，由政府强制医疗。

间歇性精神病人，在精神正常的时候犯罪，应当负刑事责任。如果犯罪时精神不正常，不具有辨认或控制能力，则不负刑事责任。如果在犯罪时尚未完全丧失辨认或控制能力，应当负刑事责任，但是可以从轻或者减轻处罚。

（2）醉酒。醉酒的人可能辨认能力或控制能力有所减弱，但一般不能减轻其刑事责任。因此，醉酒的人犯罪，应当负刑事责任。

（3）又聋又哑的人或者盲人。又聋又哑的人同时丧失听力和语言功能，盲人因为视觉的消失，二者都无法像正常人一样形成辨别是非的观念，因此，又聋又哑的人或者盲人犯罪，可以从轻、减轻或者免除处罚。

（二）犯罪的主观要件

1. 犯罪故意

犯罪故意是指明知自己的行为会发生危害社会的结果，并且希望或者放任这种结果发生的心理状态。犯罪故意的这种心理状态在实际中可以分为直接故意和间接故意。直接故意是积极追求行为后果的发生，间接故意则是对于行为后果的发生持放任的态度。

【对点案例】

> 果园主人私拉电网防止小偷盗窃，虽然竖立了牌子说明果园有电网，但是孩子不懂，经过果园偷摘果子时被电身亡。
>
> 本案中果园主人明知私拉电网比较危险，可能发生电伤或者电死他人的情况，但是却放任这种结果发生。果园主人对于孩子的死亡属于间接故意。

2. 犯罪过失

犯罪过失是指行为人应当预见自己的行为可能发生危害社会的结果，因为疏忽大意而没有预见，或者已经预见而轻信能够避免的心理状态。

犯罪过失的类型主要有过于自信的过失和疏忽大意的过失两种。

【对点案例】

> 张某在早点店门口，于大风中搬移雨棚，未仔细观察周围情况，后雨棚被大风吹倒，砸中在旁观看的贾某，致贾某当场死亡。
>
> 本案中张某对于雨棚被刮倒砸中贾某的结果是没有预见的，但是作为移动雨棚的行为人，当时风力较大，应该意识到这种移动行为有一定风险。因此张某构成过失致人死亡罪，属于疏忽大意的过失。

(三) 犯罪的客体要件

犯罪客体是指我国刑法所保护而为犯罪行为所侵犯的法益。犯罪客体是犯罪构成的必要的要件。犯罪之所以具有社会危害性，首先是由其所侵犯的犯罪客体决定的。一个行为不侵犯任何法益，就意味着不具有社会危害性，也就不能构成犯罪。

【对点案例】

> 甲、乙实施走私，案发后公安机关追缴了部分赃款，并将用于走私的车辆进行了扣押，甲、乙表示不服并预谋将自己的车抢回。甲、乙携带尖刀等工具进入车辆管理处，夜间实施过程中被工作人员发现并抓获。
>
> 本案争论的焦点在于，甲与乙的行为是否侵犯了刑法所保护的法益，即是否存在构成要件的犯罪客体。甲、乙辩解该车辆原本就属于自己，抢回自己的车不构成犯罪。事实上该车辆的所有权与占有权分离，所有权虽然属于甲或乙，但被国家管理机构合法扣押的情况下，应当视为国家管理机构合法占有该车辆，甲、乙抢劫的行为构成抢劫罪（未遂）。

(四) 犯罪的客观要件

犯罪的客观要件是指刑法规定的构成犯罪需要在客观方面具备的条件。包括犯罪的危害行为、行为对象、危害结果和因果关系。其中，危害行为就是指客观上会造成危害社会结果的行为。危害行为包括作为与不作为。作为是一种积极的身体活动，主要违反刑法的禁止性规定。事实上，我国刑法规定的犯罪大多数都是作为犯，例如故意杀人、故意伤害、绑架、抢劫等。

1. 作为

作为主要表现在：一是利用行为人自身的身体活动进行犯罪，

例如用拳头等故意伤害他人，或者用言语的形式故意捏造并散布虚假的事实等。二是利用外在的力量或者工具进行犯罪，例如使用刀具、棍棒等攻击他人。三是利用他人的身体活动，将他人作为犯罪工具，例如教唆10岁小孩去偷邻居家的钱。

2. 不作为

不作为是一种消极的行为，就是不阻止正处于危险之中的法益进一步恶化。我国刑法规定的某些犯罪就是以不作为形式构成的，例如遗弃罪、拒不执行判决裁定罪、逃税罪等。

三、排除犯罪的事由

（一）正当防卫

正当防卫是指为了使国家、公共利益、本人或者他人的人身、财产和其他权利免受正在进行的不法侵害，而采取的制止不法侵害并对他人造成损害的行为。构成正当防卫的条件如下：

1. 存在不法侵害

正当防卫是制止不法侵害，保护合法利益的行为，因此具有不法侵害存在才能进行制止，换言之，不法侵害是正当防卫的前提条件。其中的"不法侵害"包括犯罪行为以及其他违法行为，例如犯罪包括杀人、抢劫、强奸等，违法包括偷窥等。对于他人的合法行为不能进行正当防卫。

2. 具有防卫意图

防卫意图包括了防卫认识与防卫意志。防卫认识是指防卫人认识到不法的侵害正在进行，防卫意志是指防卫人出于保护国家、公共利益、本人或者他人的人身、财产和其他权利免受正在进行的不法侵害的目的。防卫认识是正当防卫的基础，因此，成立正当防卫需要防卫认识，但是对于防卫意志并不做过高的要求，即使是在本能的反击行为中夹杂着报复、恐惧、故意伤害等目的仍然可以构成正当防卫。

3. 不法侵害正在进行

正当防卫必须发生在不法侵害正在进行的时候，这是正当防卫的时间条件。"正在进行"是指侵害人已经着手实施侵害行为，并且这一侵害行为尚未结束的过程。

在不法侵害尚未开始或者已经结束的时候进行防卫的，不构成正当防卫，而是防卫不适时，对这种行为应当追究故意犯罪的刑事责任。

【对点案例】

> 1. 甲听说乙想要教训丙，就去告诉了丙这件事，丙想要先下手为强，因此直接拿棍子把乙打成了重伤。
> 乙想要教训丙，但并未实际行动，丙先下手为强不成立正当防卫，应当追究其故意伤害致人重伤的刑事责任。
> 2. 甲男强奸了乙女，行为结束后乙女回到家越想越生气，便在第二天给甲男的饭中下毒，导致甲男死亡。
> 甲男的强奸行为已经结束，乙女事后报复的行为不构成正当防卫，应当追究乙女故意杀人罪的刑事责任。

4. 防卫对象只能针对不法侵害人本人

由于不法侵害是侵害人直接实施的，只有针对这个不法侵害人本人才能制止这种行为，因此，防卫对象只能针对不法侵害人本人。

如果不法侵害人存在多人，现场有不法侵害的组织者、指挥者与参与者等，那么可以针对其中一人进行正当防卫，也可以针对一个整体（多人）进行正当防卫。但绝对不可以针对不法侵害人之外的第三人进行防卫。

5. 不能明显超过必要的限度

正当防卫需要满足限度条件，也就是不能明显超过必要的限度而造成重大损害。对于防卫限度应当进行综合判断，考虑双方的力量程度，立足防卫人当时所处境遇，并结合一般人的认知作出判断。

正当防卫超过必要限度造成重大损失的，构成防卫过当。但对正在进行行凶、杀人、抢劫、强奸、绑架以及其他严重危及人身安全的暴力犯罪，采取防卫行为，造成不法侵害人伤亡的，属于特殊防卫，不负刑事责任。

【对点案例】

2018年8月夜间，刘海龙驾驶轿车向右强行闯入非机动车道，与正常骑自行车的于海明险些碰擦，双方遂发生争执。过程中刘海龙持续追打于海明，并返回车内取出一把砍刀，连续用刀击打于海明颈部、腰部、腿部。击打中砍刀甩脱，于海明抢到砍刀并在争夺中捅刺刘海龙腹部、臀部，砍击右胸、左肩、左肘，刺砍过程持续7秒。

刘海龙受伤后跑向轿车，于海明继续追砍2刀均未砍中，其中1刀砍中汽车。刘海龙跑向轿车东北侧，于海明返回将车内刘海龙手机取出放入自己口袋。民警到达现场后，于海明将手机和砍刀主动交给民警，并称拿走刘海龙手机是为了防止对方打电话召集人员报复。刘海龙逃离后，身受重伤倒在绿化带内，后经送医抢救无效死亡。

刘海龙的行为属于刑法意义上的"行凶"，其不法侵害是一个持续的过程，于海明夺刀后追砍的行为出于防卫目的，因此于海明的行为构成特殊正当防卫，不需要负刑事责任。公安机关根据侦查查明的事实，并听取检察机关意见和建议后依法撤销该案件。

(二) 紧急避险

紧急避险是指为了使国家、公共利益、本人或者其他人的人身、财产和其他权利免受正在发生的危险，不得已对另一较小合法权益造成损害的行为。紧急避险的成立条件如下：

（1）必须存在现实的危险。紧急避险要求合法权益正在遭受现实的危险，这是紧急避险的前提条件。现实的危险包括：人为原因造成的不法侵害；自然原因造成的侵害，例如洪水、地震等灾害危险；动物侵袭危险，例如动物追咬等。

（2）具有避险意图。紧急避险必须是为了国家、公共利益、本人或者其他人的人身、财产和其他权利免受正在发生的危险。如果是为了保护非法利益，就不能成立紧急避险。

（3）危险正在发生和进行。正在发生并且迫在眉睫的危险是紧急避险的时间要求。对于尚未发生或者已经过去的危险都不能进行紧急避险，否则成立避险不适时。

（4）存在避险的客体。紧急避险存在避险的客体。因为紧急避险是一种为了保全更大的利益而损害另一个合法利益的行为，因此必然是一种权利的冲突。

（5）迫不得已损害另一法益。紧急避险必须是迫不得已的情况下实施的，紧急避险是为了保护某种合法权益的唯一路径，没有其他方法可以采用的情况下才能适用紧急避险。

（6）不能超过必要限度。紧急避险需要满足避险限度要求，不能造成不应有的损失，因此所保全的利益必须大于损失的利益。

紧急避险超过必要限度造成不应有的损害的，应当负刑事责任，但是应当减轻或者免除处罚。避险过当包括两种情况：保护较小利益牺牲较大利益；保护利益与牺牲利益相等或无法衡量。

四、共同犯罪

共同犯罪是指二人以上共同故意犯罪。在实际生活中，大多数的犯罪都是由行为人单独完成的，但是也有不少犯罪是由两个或以上的行为人共同实施的。我国刑法对共同犯罪人的分类主要考虑共同犯罪人在共同犯罪中的地位和作用，并适当考虑共同犯罪人的分工情况，将共同犯罪人分为主犯、从犯、胁从犯和教唆犯。

(一) 主犯

主犯是指组织、领导犯罪集团进行犯罪活动的或者在共同犯罪中起主要作用的犯罪分子。主要包括：

(1) 组织、领导犯罪集团进行犯罪活动的犯罪分子，这是犯罪集团的首要分子。三人以上为共同实施犯罪而组成的较为固定的犯罪组织，是犯罪集团。

(2) 共同犯罪中起主要作用的犯罪分子，是指除了犯罪集团首要分子以外的在共同犯罪中起主要作用的犯罪分子。包括犯罪集团的骨干分子、聚众犯罪的首要分子以及其他起主要作用的犯罪分子。

对组织、领导犯罪集团的首要分子，按照集团所犯的全部罪行处罚。犯罪集团以外的主犯，应当按照其所参与的或者组织、指挥的全部犯罪处罚。

【对点案例】

巨某某通过网络与左某某相识并同居，后左某某怀孕。巨某某提出待孩子出生后卖掉，被左某某拒绝。巨某某通过QQ联系买家，并掐住左某某脖子逼迫其同意出卖孩子。后巨某某与牛某某协议以4万元的价格出卖孩子。7月左某某产下一男婴，牛某某将男婴抱走，向巨某某银行卡转账39 880元。事后左某某向公安机关报案，巨某某被抓获。

巨某某、左某某为获取非法利益，二人合伙以送养为名出卖亲生子女，其行为构成拐卖儿童罪，应依法处罚。巨某某在共同犯罪中起主要作用，系主犯，被判处有期徒刑六年，并处罚金2万元；左某某被胁迫参与犯罪，事后主动向公安机关举报，并如实供述犯罪事实，系胁从犯，予以免除处罚。

（二）从犯

从犯是指在共同犯罪中起次要或者辅助作用的犯罪分子。从犯主要包括：

（1）在共同犯罪中起次要作用的犯罪分子，也就是虽然直接参与实施了犯罪的行为，但是相对于主犯来说，其在整个犯罪过程中所起的作用比较小，一般在共同犯罪中处于从属、被支配的地位。

（2）在共同犯罪中起辅助作用的犯罪分子，是指没有直接参与犯罪实施，而是以其他方式帮助实行犯促进犯罪结果实现的人，实际上就是指帮助犯。成立帮助犯，要求必须有帮助行为，在主观上是故意提供帮助的，并且被帮助的人必须实施了实行行为造成了犯罪结果。

【对点案例】

自2018年起，梁某先后成立两家公司，聘用王某、万某等人作为技术、运营人员，开发"人人影视字幕组"网站等客户端，从境外网站下载未经授权的影视作品，翻译、制作、上传至相关服务器，通过所经营的"人人影视字幕组"网站及相关客户端向用户提供在线观看和下载服务。经审计及鉴定，至案发"人人影视字幕组"网站等共有未授权影视作品32 824部，会员数量共计约683万，非法经营数额共计1 200余万元。

梁某以营利为目的，未经著作权人许可，复制发行他人作品，属于有其他特别严重情节，行为已构成侵犯著作权罪。在共同犯罪中，梁某起主要作用，系主犯，应按照其所参与的或者组织、指挥的全部犯罪处罚。因此法院判处梁某有期徒

> 刑3年6个月,并处罚金。王某、万某等14人,系从犯,法院判处该14人1年6个月至3年不等的有期徒刑,适用缓刑,并处罚金。

(三) 胁从犯

胁从犯是指被胁迫参加犯罪的犯罪分子。被胁迫参加犯罪,即在他人暴力威胁等精神强制下,被迫参加犯罪,在这种情况下,行为人没有完全丧失意志自由,因此也需要承担刑事责任,但应当按照他的犯罪情节减轻处罚或者免除处罚。

(四) 教唆犯

教唆犯是指教唆他人犯罪的人,一般通过怂恿、劝说、引诱或其他方式等让尚未有犯罪意图的人产生犯罪意思并付诸实践的人。教唆犯的成立条件为:

(1) 教唆的对象是特定的,如果教唆的是不特定的多数人,属于煽动犯罪。

(2) 在主观上有教唆的故意,如果是过失教唆不成立教唆犯。

(3) 在客观上有教唆他人的行为,教唆的行为和方式、手段并没有限制,明示、暗示、怂恿、劝说等都是教唆行为。

教唆他人犯罪的,应当按照他在共同犯罪中所起的作用处罚。如果教唆犯在共同犯罪中起到主要作用,就以主犯进行处罚;如果教唆犯在共同犯罪中起到次要作用,就以从犯进行处罚。

教唆不满18周岁的人犯罪的,应当从重处罚。

如果被教唆的人没有犯被教唆的罪,对于教唆犯,可以从轻或者减轻处罚。

五、刑罚

刑罚是刑法规定的由国家审判机关依法对犯罪分子所适用的,

剥夺或者限制其人身自由、财产、生命或其他权益的强制性制裁方法。刑罚的主要特点便是制裁程度的严厉性。刑罚种类主要包括主刑和附加刑。

(一) 刑罚的种类

1. 主刑

主刑是对犯罪分子独立适用、不能附加于其他刑罚的刑罚方式。根据我国刑法规定,主刑包括管制、拘役、有期徒刑、无期徒刑和死刑。

(1) 管制。管制是对犯罪分子不予关押,但是限制一定自由,依法实行社区矫正的一种刑罚。

管制的期限较短,为 3 个月以上 2 年以下,数罪并罚时不得超过 3 年。管制的刑期从判决执行之日起计算,判决执行前先行羁押的,羁押 1 日折抵刑期 2 日。管制期满时,执行机关应向本人和其所在单位或者居住地的群众宣布解除管制。

对判处管制的犯罪分子限制一定自由,主要包括:遵守法律、行政法规,服从监管;未经执行机关批准,不得行使言论、出版、集会、结社、游行、示威自由的权利;按照执行机关规定报告自己的活动情况,遵守执行机关关于会客的规定;离开所居住的市、县或者迁居,应当报经执行机关批准;同时法院在对被告人判处管制时,可以根据犯罪情况,禁止犯罪分子在执行期间从事特定活动,进入特定区域、场所,接触特定人。

(2) 拘役。拘役是短期剥夺犯罪分子人身自由,就近实行关押并进行劳动改造的刑罚方法。

拘役的期限为 1 个月以上 6 个月以下,数罪并罚时不得超过 1 年。拘役的刑期从判决执行之日起计算,判决执行以前先行羁押的,羁押 1 日折抵刑期 1 日。

被判处拘役的犯罪分子,由公安机关就近执行。在执行期间,被判处拘役的犯罪分子每月可以回家一天至两天;参加劳动的,可以酌量发给报酬。

(3）有期徒刑。有期徒刑是剥夺犯罪分子一定期限的人身自由，强迫其劳动并接受教育改造的刑罚方式，也是我国主刑中适用最广泛的刑罚方式。

有期徒刑的期限为 6 个月以上 15 年以下，数罪并罚时，有期徒刑总和刑期不满 35 年的，最高不超过 20 年，总和刑期在 35 年以上的，最高不超过 25 年。有期徒刑的刑期从判决执行之日起开始计算，判决执行以前先行羁押的，羁押 1 日折抵刑期 1 日。

（4）无期徒刑。无期徒刑是指剥夺犯罪分子的终身自由，强制其参加劳动并接受教育和改造的一种刑罚方式，也是自由刑中最为严厉的刑罚方法。

被判处无期徒刑的犯罪分子，在监狱或者其他执行场所执行。凡有劳动能力的，都应当参加劳动，接受教育和改造。

判处无期徒刑的都会附加剥夺政治权利终身。这与其他自由刑有所不同，也从侧面说明了无期徒刑的严厉性。

（5）死刑。死刑是指剥夺犯罪分子生命的刑罚方法，包括死刑立即执行与死刑缓期二年执行。由于生命具有唯一性，剥夺后不能恢复，因此我国对于死刑的态度是限制死刑、少杀、慎杀。

死刑立即执行的限制。犯罪的时候不满 18 周岁的人和审判的时候怀孕的妇女，不适用死刑。审判的时候已满 75 周岁的人，不适用死刑，但以特别残忍手段致人死亡的除外。在案件管辖程序上，死刑案件只能由中院以上的人民法院进行第一审，基层人民法院不能审理死刑案件。在死刑核准程序上，死刑都需要报请最高人民法院进行核准。在执行死刑中只能采用枪决或者注射等方式进行，不能任意采用死刑执行方式。

【小贴士】

不适用死刑的特殊情形

"不适用死刑"是指不能判处死刑立即执行，也不能判处死刑缓期二年执行。

"审判的时候怀孕"既包括法院审理时怀孕,又包括案件被起诉到法院之前怀孕的,指的是从侦查羁押时起至判决执行时的刑事诉讼全过程。这段时间无论怀孕、人工流产还是自然流产都被视为孕妇,不能判处死刑。

"以特别残忍手段致人死亡"是指采取了社会上一般人难以容忍的手段与方式导致他人死亡的,例如灭门、肢解等。

②死刑缓期执行。死刑缓期执行是指对犯罪分子判处死刑的同时宣告缓期2年执行,强迫其劳动,以观后效的一种死刑执行方法。对于应当判处死刑的犯罪分子,如果不是必须立即执行的,可以判处死刑同时宣告缓期2年执行。

判处死刑缓期执行的,在死刑缓期执行期间,如果没有故意犯罪,2年期满以后,减为无期徒刑;如果确有重大立功表现,2年期满以后,减为25年有期徒刑;如果故意犯罪,情节恶劣的,报请最高人民法院核准后执行死刑;对于故意犯罪未执行死刑的,死刑缓期执行的期间重新计算,并报最高人民法院备案。

对被判处死刑缓期执行的累犯以及因故意杀人、强奸、抢劫、绑架、放火、爆炸、投放危险物质或者有组织的暴力性犯罪被判处死刑缓期执行的犯罪分子,根据犯罪情节等情况可以同时决定对其限制减刑。

死刑缓期执行的期间,从判决确定之日起计算。死刑缓期执行减为有期徒刑的刑期,从死刑缓期执行期满之日起计算。

2. 附加刑

附加刑是指补充主刑适用的刑罚方式,既可以附加在主刑之后适用,也可以独立适用,甚至对于同一犯罪分子可以同时适用多个附加刑。我国的附加刑一共有四种:罚金、剥夺政治权利、没收财产和驱逐出境。

(1)罚金。罚金是人民法院判处犯罪分子向国家缴纳一定数额金钱的刑罚方法。罚金的主要适用于破坏社会主义经济秩序罪、侵犯财产罪、妨害社会管理秩序罪和贪污贿赂罪等。

罚金在判决指定的期限内一次或者分期缴纳。期满不缴纳的，强制缴纳。对于不能全部缴纳罚金的，法院在任何时候发现被执行人有可以执行的财产，应当随时追缴。由于遭遇不能抗拒的灾祸等原因缴纳确实有困难的，经法院裁定，可以延期缴纳、酌情减少或者免除。

（2）剥夺政治权利。剥夺政治权利是指剥夺犯罪人参加管理国家和政治活动权利的刑罚方式。剥夺政治权利由公安机关执行。剥夺的权利主要包括：选举权和被选举权；言论、出版、集会、结社、游行、示威自由的权利；担任国家机关职务的权利；担任国有公司、企业、事业单位和人民团体领导职务的权利。

（3）没收财产。没收财产是指犯罪人所有财产的一部分或者全部强制无偿地收归国有的刑罚方法。

没收财产的范围是犯罪分子个人所有财产的一部分或者全部，包括违禁品和供犯罪所有的本人财物。但是没收全部财产的，应当对犯罪分子个人及其抚养的家属保留必需的生活费用，不得没收属于其家属所有或者应有的财产。

没收财产以前犯罪分子所负的正当债务，需要以没收的财产偿还的，经债权人请求，应当偿还。

（4）驱逐出境。驱逐出境是强迫犯罪的外国人离开中国国（边）境的刑罚方式。

3. 社区矫正

社区矫正，是指将符合条件的罪犯放置于社区内，由专门国家机关在相关社会团体和民间组织以及社会志愿者的协助下，在判决、裁定或决定确定的期限内，矫正其犯罪心理和行为恶习，并促进其顺利回归社会的非监禁刑罚执行活动。社区矫正主要由社区矫正的负责机关执行。

根据我国现行法律的规定，社区矫正的适用范围主要包括下列五种罪犯：被判处管制的；被宣告缓刑的；被暂予监外执行的；被裁定假释的；被剥夺政治权利，并在社会上服刑的。

在符合上述条件的情况下，对于罪行轻微、主观恶性不大的未成年犯、老病残犯，以及罪行较轻的初犯、过失犯等，应当作为重点对象，适用上述非监禁措施，实施社区矫正。

(二) 刑罚的裁量

刑罚裁量简称量刑，是人民法院在行为人的行为构成犯罪的情况下，确定犯罪人应当承担的刑罚后果、犯罪的刑罚种类、刑罚幅度等的专门活动。我国刑罚裁量的遵循原则是"以事实为依据，以法律为准绳"。

1. 累犯

累犯是指故意犯罪被判处一定刑罚的犯罪分子，在刑罚执行完毕或者赦免之后，在法定期限之内又犯一定罪的情形。可以将其分为一般累犯和特殊累犯。

一般累犯是指被判处有期徒刑以上刑罚的犯罪分子，刑罚执行完毕或者赦免以后，在5年以内再犯应当判处有期徒刑以上刑罚之罪的犯罪分子。但是过失犯罪和不满18周岁的人犯罪的除外。

特殊累犯是指犯危害国家安全罪、恐怖活动犯罪、黑社会性质的组织犯罪的犯罪分子，在刑罚执行完毕或赦免后的任何时候再犯上述任一类罪的犯罪人。

对于累犯应当从重处罚，这也意味着对累犯需要给予更为严厉的刑罚制裁：必须从重处罚；累犯不适用缓刑；累犯不得假释。

2. 自首

自首是指犯罪分子犯罪后自动投案，如实供述自己罪行或被采取强制措施的犯罪嫌疑人、被告人以及正在服刑的罪犯，如实供述司法机关尚未掌握的本人其他罪行的行为。

对于自首的犯罪分子，可以从轻或减轻处罚，犯罪情节较轻的，可以免除处罚。共同犯罪时，自首的法律效果只适用于自首的共犯，不能适用于没有自首的其他人。

3. 坦白

坦白是指犯罪分子被动归案后，如实交代自己被指控的犯罪事实，并接受司法机关审查和裁判的行为。

对于坦白的犯罪嫌疑人虽不具有自首情节，但是如实供述自己罪行的，可以从轻处罚；因其如实供述自己罪行，避免特别严重后果发生的，可以减轻处罚。

4. 立功

一般立功是指犯罪分子揭发他人犯罪行为，包括共同犯罪案件中的犯罪分子揭发同案犯共同犯罪以外的其他犯罪事实，查证属实的；提供重要线索，从而得以侦破其他案件的；协助司法机关抓捕其他犯罪嫌疑人；具有其他有利于国家和社会的突出表现的行为。

重大立功是指犯罪分子有检举、揭发他人重大犯罪行为，查证属实的；提供侦破其他重大案件的重要线索，查证属实的；组织他人重大犯罪活动；协助司法机关抓捕其他重大犯罪嫌疑人；对于国家和社会有其他重大贡献等行为。"重大"是指犯罪嫌疑人、被告人可能被判处无期徒刑以上刑罚或者在本省、自治区、直辖市或者全国范围内有较大影响的情形。

一般立功的，可以从轻、减轻处罚；重大立功的，可以减轻或者免除处罚。

（三）刑罚的执行

1. 缓刑

缓刑是指法院对于判处拘役、3年以下有期徒刑的犯罪分子，符合法定条件的，规定一定的考验期，暂不执行原判刑罚；在考验期内，如果遵守一定条件，原判刑罚就不再执行的一项制度。因此缓刑就是附条件地不执行原判刑罚。

（1）缓刑的适用条件。犯罪分子被判处拘役或者3年以下有期徒刑的刑罚；犯罪分子不是累犯；犯罪情节较轻，有悔罪表现，没有再犯罪的危险；宣告缓刑对所居住社区没有重大不良影响；不满18周岁的人、怀孕的妇女和已满75周岁的人。符合上述适用条件的，应当适用缓刑，而累犯和犯罪集团的首要分子，不适用缓刑。

（2）缓刑的法律后果。宣告缓刑的犯罪分子，在缓刑考验期限内，依法实行社区矫正，如果没有撤销缓刑的情节，缓刑考验期满，原判的刑罚就不再执行，并公开予以宣告。被宣告缓刑的犯罪分子，在缓刑考验期限内，违反法律、行政法规或者国务院有关部门关于缓刑的监督管理规定，或者违反法院判决中的禁止令，情节严重的，应当撤销缓刑，执行原判刑罚。

2. 减刑

减刑一般指被判处管制、拘役、有期徒刑、无期徒刑的犯罪分子，根据其在刑罚执行期间的悔改或立功表现，适当减轻其原判刑罚的制度。

（1）减刑的适用条件。减刑的适用对象为被判处管制、拘役、有期徒刑、无期徒刑的犯罪分子；犯罪分子在刑罚执行期间确有悔改或立功表现。

确有悔改表现的，或者有立功表现的，可以减刑。

（2）减刑后的刑期。减刑以后实际执行的刑期不能少于下列期限：

判处管制、拘役、有期徒刑的，不能少于原判刑期的1/2。

判处无期徒刑的，不能少于13年。

限制减刑的死刑缓期执行的犯罪分子，缓期执行期满后依法减为无期徒刑的，不能少于25年，缓期执行期满后依法减为25年有期徒刑的，不能少于20年。

3. 假释

假释是指对被判处有期徒刑、无期徒刑的犯罪分子，在执行一定刑罚后，确有悔改表现，没有再犯罪的危险，因而附条件地将其提前释放的刑罚制度。

有期徒刑的假释考验期限,为没有执行完毕的刑期;无期徒刑的假释考验期限为10年。假释考验期限,从假释之日起计算。

被宣告假释的犯罪分子遵守法律、行政法规,服从监督;按照监督机关的规定报告自己的活动情况;遵守监督机关关于会客的规定;离开所居住的市、县或者迁居,应当报经监督机关批准。

对假释的犯罪分子,在假释考验期限内,依法实行社区矫正,如果没有在考验期内犯新罪、在考验期内发现漏罪、在考验期内违反相关规定的情形,假释考验期满,就认为原判刑罚已经执行完毕,并公开予以宣告。

第三节 农村常见犯罪

【法谚法语】

"法令既行,纪律自正,则无不治之国,无不化之民。"
——宋代 包拯《致君》

【案例导入】

2013年5—9月,陈某隐瞒经济合作社没有小区房屋处分权的事实,采用虚假抵押"借款"的方式,承诺以该小区的部分房屋和车库作"抵押",骗取被害人信任,先后从被害人何某、李某等人处骗取共57.6万元。2013年11月,陈某潜逃,2019年12月被公安机关抓获归案。

【思考】陈某构成什么犯罪?

一、危害公共安全罪

（一）放火罪

放火罪是指故意放火焚烧公私财物，危害公共安全的行为。

本罪的主体为已满 14 周岁具有辨认和控制自己行为能力的自然人。

本罪客观上表现为放火焚烧公私财物，危害公共安全。因此必须具有纵火行为，但不需要造成现实的危害结果，只要纵火的行为足以危害到公共安全就可以构成本罪。

本罪主观上必须是故意，动机不影响犯罪构成。例如，为了成为当地的英雄而对邻居放火，引发大火以后积极救火的，也构成放火罪。

犯本罪尚未造成严重后果的，处 3 年以上 10 年以下有期徒刑。致人重伤、死亡或者使公私财产遭受重大损失的，处 10 年以上有期徒刑、无期徒刑或者死刑。

【对点案例】

2017 年 6 月晚，莫焕晶因赌博输光了钱，作为朱某家的保姆，其为继续筹集赌资，决意采取放火再灭火的方式骗取朱某的感激以便借钱。凌晨 2 时至 4 时许，莫焕晶使用手机查询"打火机自动爆炸""放火要坐牢吗"等与放火有关的关键词信息。凌晨 4 时 55 分许，莫焕晶用打火机点燃书本引燃客厅沙发、窗帘等易燃物品，导致火势迅速蔓延，造成屋内的朱某及其三个年幼子女被困火场吸入一氧化碳中毒死亡，并造成房屋、家居等损毁，损失共计 257 万余元。火灾发生后，莫焕晶立即逃至室外，报警并向他人求助，后在公寓楼下被公安机关带走调查。

【案例评析】莫焕晶不顾雇主及其年幼子女生命安全，选择凌晨 4 时 55 分许在高层住宅内放火,最终造成 4 人死亡及巨额财产损失的严重后果,其放火行为与犯罪后果之间存在直接的因果关系,依法应对全部后果承担刑事责任。火灾扑救时间延长,与案发小区物业消防安全管理落实不到位、应急处置能力不足及消防供水设施运行不正常,致使供水管网压力无法满足灭火需求有一定关联。但上述情况不足以阻断莫焕晶本人放火犯罪行为与造成严重危害人身、财产安全犯罪后果之间的因果关系。莫焕晶在高层住宅内故意使用打火机点燃易燃物引发火灾,造成 4 人死亡和重大财产损失,其行为已构成放火罪,犯罪动机卑劣、犯罪后果极其严重,严重危害公共安全,社会危害性极大,依法应予严惩。法院认定莫焕晶犯放火罪,判处死刑,剥夺政治权利终身。

(二) 交通肇事罪

1. 交通肇事罪的认定

交通肇事罪是指违反交通运输管理法规而发生重大事故,致人重伤、死亡或者使公私财产遭受重大损失。

本罪的主体是年满 16 周岁具有辨认和控制自己行为能力的自然人。

单位主管负责人,机动车辆所有人或者机动车辆承包人指使、强令他人违章驾驶造成重大交通事故的,以交通肇事罪定罪处罚。部分非从事交通运输的人员违反交通规则导致重大交通事故的,也成立交通肇事罪。

【对点案例】

货车所有人甲要求货车司机乙超载运输货物,但由于过

> 分超载导致货车在高速行驶中翻车，造成多人伤亡。虽然货车所有人甲并没有驾驶这辆车，但是甲指使的乙，因此甲也构成交通肇事罪。
>
> 行人甲忙着看手机，闯红灯过马路与正常行驶的摩托车司机乙相撞，行人甲趁乱逃走，摩托车司机乙抢救无效死亡，行人甲构成交通肇事罪。

本罪客观上表现为违反交通运输管理法规而发生重大事故，致人重伤、死亡或者使公私财产遭受重大损失的行为。

本罪主观上表现为过失，如果是故意导致交通事故的发生就不构成交通肇事罪，可能构成故意杀人罪或者其他犯罪。

2. 交通肇事罪的处罚

违反交通运输管理法规，因而发生重大事故，致人重伤、死亡或者使公私财产遭受重大损失的，处 3 年以下有期徒刑或者拘役；交通运输肇事后逃逸或者有其他特别恶劣情节的，处 3 年以上 7 年以下有期徒刑；因逃逸致人死亡的，处 7 年以上有期徒刑。

"重大事故"是指：死亡 1 人或者重伤 3 人以上，负事故全部或者主要责任的；死亡 3 人以上，负事故同等责任的；造成公共财产或者他人财产直接损失，负事故全部或者主要责任，无能力赔偿数额在 30 万元以上的。

【小贴士】

交通肇事致 1 人以上重伤，负事故全部或者主要责任，并具有下列情形之一的，以交通肇事罪定罪处罚：

（一）酒后、吸食毒品后驾驶机动车辆的；

（二）无驾驶资格驾驶机动车辆的；

（三）明知是安全装置不全或者安全机件失灵的机动车辆而驾

驶的；

（四）明知是无牌证或者已报废的机动车辆而驾驶的；

（五）严重超载驾驶的；

（六）为逃避法律追究逃离事故现场的。

"其他特别恶劣情节"是指死亡2人以上或者重伤5人以上，负事故全部或者主要责任的；死亡6人以上，负事故同等责任的；造成公共财产或者他人财产直接损失，负事故全部或者主要责任，无能力赔偿数额在60万元以上的。

"因逃逸致人死亡"是指行为人在交通肇事后为逃避法律追究而逃跑，致使被害人因得不到救助而死亡的情形。交通肇事后，单位主管人员，机动车辆所有人，承包人或者乘车人指使肇事人逃逸，致使被害人因得不到救助而死亡的，以交通肇事罪的共犯论处。

【对点案例】

【案情简介】2019年沈某酒后驾驶小轿车途经某路口时，越过道路中心线逆向行驶，与对向车道正常行驶的二轮摩托车发生碰撞，造成摩托车司机蓝某当场死亡及两车不同程度损坏的交通事故。事故发生后，沈某弃车逃离事故现场，次日主动到公安机关投案。交警部门对本次事故作出责任认定：沈某承担事故的全部责任，蓝某不承担事故的责任。

沈某违反交通运输管理法规，酒后驾驶机动车在道路上行驶，造成一人死亡的重大交通事故，负事故的全部责任，且为逃避法律追究逃离事故现场，其行为已构成交通肇事罪。沈某在交通肇事逃逸后，主动到公安机关投案并如实供述自己的罪行，系自首，依法可以从轻处罚，故法院依法认定沈某犯交通肇事罪，判处有期徒刑4年。

> 【案例评析】我国交通事故时有发生,发生交通事故后,抢救被害人、保护事故现场及向公安报告是肇事者的法定义务。我国刑法对肇事逃逸行为加重处罚,就是为了避免肇事者逃逸后造成被害人的二次或多次伤害,也避免被害人因得不到及时救治而身亡的情况。因此,一旦发生交通事故,肇事者不要有逃避责任的侥幸心理,要积极抢救伤员,保护现场,及时报警,等待交警部门处理。

(三) 危险驾驶罪

1. 危险驾驶罪的认定

危险驾驶罪是指在道路上驾驶机动车追逐竞驶,情节恶劣或者在道路上醉酒驾驶机动车行为。

本罪客观上表现为四种行为:追逐竞驶,情节恶劣的;醉酒驾驶机动车的;从事校车业务或者旅客运输,严重超过额定乘员载客,或者严重超过规定时速行驶的;违反危险化学品安全管理规定运输危险化学品,危及公共安全的。其中机动车所有人、管理人对第三项、第四项行为负有直接责任的,依照本罪规定处罚。

2. 危险驾驶罪的处罚

醉酒驾驶机动车,具有下列情形之一的,按照危险驾驶罪的规定从重处罚:造成交通事故且负事故全部或者主要责任,或者造成交通事故后逃逸,尚未构成其他犯罪的;血液酒精含量达到200毫克/100毫升以上的;在高速公路、城市快速路上驾驶的;驾驶载有乘客的营运机动车的;有严重超员、超载或者超速驾驶,无驾驶资格驾驶机动车,使用伪造或者变造的机动车牌证等严重违反道路交通安全法的行为的;逃避公安机关依法检查,或者拒绝、阻碍公安机关依法检查尚未构成其他犯罪的;曾因酒后驾驶机动车受过行政处罚或者刑事追究的;其他可以从重处罚的情形。

醉酒与酒驾,区别在哪里?

一、血液的酒精浓度不同

醉酒:驾驶人每 100 毫升血液中的酒精含量大于(等于)80 毫克的情况下驾驶机动车。

酒驾:驾驶人每 100 毫升血液中的酒精含量大于(等于)20 毫克、小于 80 毫克的情况下驾驶机动车。

从危害程度来看,醉驾的危害性远比酒饮的危害更大。

二、处罚标准不同

醉驾:醉酒驾驶,由公安机关约束至酒醒。吊销机驾驶证,依法追究刑事责任,5 年内不得重新取得驾驶证。

醉酒驾驶营运车辆,由公安机关约束至酒醒。吊销机动车驾驶证,依法追究刑事责任,10 年内不得重新取得驾驶证。重新取得驾驶证后,不得驾驶营运车辆。

酒后或醉酒驾驶,发生重大交通事故,构成犯罪的,依法追究刑事责任。吊销驾驶证,终生不得重新取得驾驶证。

酒驾:酒后驾驶,暂扣 6 个月驾驶证,并处 1 000 元以上 2 000 元以下罚款。此前曾因酒驾被处罚,再次酒后驾驶的,处 10 日以下拘留,并处 1 000 元以上 2 000 元以下罚款,吊销驾驶证。

酒后驾驶营运车辆,处 15 日拘留,并处 5 000 元罚款,吊销驾驶证,5 年内不得重新取得驾驶证。

酒后或醉酒驾驶,发生重大交通事故,构成犯罪的,依法追究刑事责任。吊销驾驶证,终生不得重新取得驾驶证。

二、破坏社会主义市场经济秩序罪

破坏社会主义市场经济秩序罪是指违反国家经济管理法规，破坏市场经济的正常运行以及国家经济管理活动，严重侵犯社会主义市场经济秩序的行为。

（一）生产销售伪劣产品罪

1. 生产销售伪劣产品罪的认定

生产销售伪劣产品罪是指生产者、销售者在产品中掺杂、掺假，以假充真，以次充好或者以不合格产品冒充合格产品，销售金额 5 万元以上的行为。

本罪的主体为生产者和销售者。生产者既包括产品制造者，也包括商品加工者；销售者包括批量销售者，也包括零散的销售者。不论生产者、销售者是否取得了生产经营许可证或者营业执照，都不影响本罪的成立。

本罪客观上表现为在产品中掺杂、掺假，以假充真，以次充好或者以不合格产品冒充合格产品，销售金额 5 万元以上的行为。"掺杂、掺假"是指在产品中掺入杂质或者异物，致使产品质量不符合国家法律法规或者产品明示质量标准规定的质量要求，降低、失去应有使用性能的行为。"以假充真"是指以不具有某种使用性能的产品冒充具有该种使用性能的产品的行为。"以次充好"是指以低等级、低档次产品冒充高等级、高档次产品，或者以残次、废旧零配件组合、拼装后冒充正品或者新产品的行为。"不合格产品"是指不符合《产品质量法》第二十六条第二款规定的质量要求的产品。

本罪销售金额要达 5 万元以上，这里的"销售金额"并非利润，也不是违法所得，而是指生产者、销售者出售伪劣产品后所得和应得的全部违法收入。伪劣产品尚未销售，但货值金额达到 15 万元以上的，以生产、销售伪劣产品罪（未遂）定罪处罚。多次实施生产、销售伪劣产品行为，未经处理的，伪劣产品的销售金额或者货值金额累计计算。

2. 生产销售伪劣产品罪的处罚

犯本罪，销售金额 5 万元以上不满 20 万元的，处 2 年以下有期徒刑或者拘役，并处或者单处销售金额 50% 以上 2 倍以下罚金；销售金额 20 万元以上不满 50 万元的，处 2 年以上 7 年以下有期徒刑，并处销售金额 50% 以上 2 倍以下罚金；销售金额 50 万元以上不满 200 万元的，处 7 年以上有期徒刑，并处销售金额 50% 以上 2 倍以下罚金；销售金额 200 万元以上的，处 15 年有期徒刑或者无期徒刑，并处销售金额 50% 以上 2 倍以下罚金或者没收财产。

(二) 生产销售有毒、有害食品罪

1. 生产销售有毒、有害食品罪的认定

本罪是指在生产、销售的食品中掺入有毒、有害的非食品原料的，或者销售明知掺有有毒、有害的非食品原料的食品的行为。

本罪客观上表现为在食品中掺入有毒、有害的非食品原料或者明知该食品掺杂了有毒有害的非食品原料而销售的行为。"有毒、有害的非食品原料"包括：法律法规禁止在食品生产经营活动中添加、使用的物质；国务院有关部门公布的《食品中可能违法添加的非食用物质名单》《保健食品中可能非法添加的物质名单》上的物质；国务院有关部门公告禁止使用的农药、兽药以及其他有毒、有害物质；其他危害人体健康的物质。

在食品加工、销售、运输、贮存等过程中，掺入有毒、有害的非食品原料，或者使用有毒、有害的非食品原料加工食品的；在食用农产品种植、养殖、销售、运输、贮存等过程中，使用禁用农药、兽药等禁用物质或者其他有毒、有害物质的；在保健食品或者其他食品中非法添加国家禁用药物等有毒、有害物质的，依照本罪定罪处罚。

2. 生产销售有毒、有害食品罪的处罚

在生产、销售的食品中掺入有毒、有害的非食品原料的，或者

销售明知掺有有毒、有害的非食品原料的食品的，处 5 年以下有期徒刑，并处罚金；对人体健康造成严重危害或者有其他严重情节的，处 5 年以上 10 年以下有期徒刑，并处罚金；致人死亡或者有其他特别严重情节的，依照《刑法》第一百四十一条的规定处罚。

【对点案例】

> 2016 年，某省农业农村厅在农产品质量安全例行监测中，发现其下的某县一蔬菜生产基地的芹菜样品含有限用农药甲基异柳磷。案发后，当地农业农村局追回未销售芹菜并将其销毁，随后将案件移送公安机关查处。2016 年 12 月，基地负责人赵某以生产、销售有毒、有害食品罪被判处有期徒刑 3 个月。

（三）逃税罪

1. 逃税罪的认定

逃税罪是指纳税人和扣缴义务人采取欺骗、隐瞒手段进行虚假纳税申报或者不申报，逃避缴纳税款数额较大等的行为。本罪的主体为纳税人和扣缴义务人。本罪客观上表现为采取欺骗、隐瞒手段进行虚假纳税申报或者不申报，逃避缴纳税款数额较大的行为。

2. 初犯不予追究刑事责任

有逃税行为，经税务机关依法下达追缴通知后，补缴应纳税款，缴纳滞纳金，已受行政处罚的，不予追究刑事责任。但是 5 年内因逃避缴纳税款受过刑事处罚或者被税务机关给予两次以上行政处罚的除外。

3. 逃税罪的处罚

犯本罪逃避缴纳税款数额较大并且占应纳税额 10% 以上的，处 3 年以下有期徒刑或者拘役，并处罚金；数额巨大并且占应纳税额 30% 以上的，处 3 年以上 7 年以下有期徒刑，并处罚金。扣缴义务人采取前款所列手段，不缴或者少缴已扣、已收税款，数额较大的，依照前款的规定处罚。对多次实施前两款行为，未经处理的，按照累计数额计算。

(四) 非法经营罪

非法经营罪是指违反国家规定，从事非法经营活动，扰乱市场秩序，情节严重的行为。

本罪的行为主要包含四种：未经许可经营法律、行政法规规定的专营、专卖物品或者其他限制买卖的物品的；买卖进出口许可证、进出口原产地证明以及其他法律、行政法规规定的经营许可证或者批准文件的；未经国家有关主管部门批准非法经营证券、期货、保险业务的，或者非法从事资金支付结算业务的；其他严重扰乱市场秩序的非法经营行为。

犯本罪情节严重的，处5年以下有期徒刑或者拘役，并处或者单处违法所得1倍以上5倍以下罚金；情节特别严重的，处5年以上有期徒刑，并处违法所得1倍以上5倍以下罚金或者没收财产。

【对点案例】

【案情简介】2019年4月，张三在没有取得农作物种子生产经营许可证的情况下，联系李四投放制种玉米。李四明知张三没有种子生产经营许可证，联系王五等多家农户，落实制种面积290余亩，张三使用虚假企业名称和姓名与农户签订了《经济作物种子生产预约合同》，约定收获时按照每千克2.5元的价格收购玉米鲜穗。合同签订后，张三、李四将玉米亲本种子提供给农户，农户进行种植。2019年9月，张三从农户处收购玉米鲜穗共计112 200千克，后进行晾晒脱籽准备销售。后被当地市场监管局发现并查获。

【案例评析】广大农民朋友在签订种植回收合同时，一定要弄清楚相关企业的资质，要选择与在相关部门备案并进行公示的企业订立合同，切忌与来历不明且无相关生产经营许可证的人员和企业订立合同。如果是作为收购者一方也要严格按照法律规定来执行，维护市场秩序的稳定。

三、侵犯公民人身权利、民主权利罪

（一）故意杀人罪

1. 故意杀人罪的认定

故意杀人罪是指故意非法剥夺他人生命的行为。

本罪的主体一般是已满14周岁具有辨认和控制自己行为能力的自然人。对于已满12周岁不满14周岁的人，犯故意杀人、故意伤害罪，致人死亡或者以特别残忍手段致人重伤造成严重残疾，情节恶劣，经最高人民检察院核准追诉的，应当负刑事责任。

本罪客观上表现为非法剥夺他人生命的行为。

犯罪对象为他人的生命，自杀的情况不成立本罪。"人"指的是自然人，自然人的生命始于出生，终于死亡，因此杀害孕妇肚中的胎儿或者杀害尸体的行为，不构成本罪，视情况构成故意伤害罪或侮辱尸体罪。

具有剥夺他人生命的行为，也就是具有杀人行为。杀人行为不仅包括亲手实施，还包括了利用工具、利用第三人等情况；杀人的方式可以是积极主动的作为方式或者消极不作为的方式。例如使用刀具割喉是以作为方式进行杀人，但母亲看着婴儿往小河边爬去而无动于衷，任由婴儿落入河中溺死就是不作为的杀人方式。

本罪主观上是故意，明知自己的行为会造成他人死亡，并且希望或放任死亡结果的发生。

2. 故意杀人罪的处罚

犯本罪的，处死刑、无期徒刑或者 10 年以上有期徒刑；情节较轻的，处 3 年以上 10 年以下有期徒刑。

【对点案例】

【案情简介】李某多次对妻子李小芳实施家暴。2021 年 4 月，李某酒后以李小芳随意向他人借钱为由，再次对李小芳进行辱骂和殴打，李某的父母劝说未果后带着小孩躲到外面。李某将李小芳的面部打伤，并把李小芳打到尿裤子。后李某因踩到尿液滑倒趴在地上，李小芳因担心李某会再起来殴打自己，乘机上前坐在李某的背上用手勒住李某的脖子 30 余分钟，李小芳感觉李某没有呼吸后打电话报警，因担心李某装死，李小芳又用围巾勒李某的脖子 20 余分钟。经鉴定，李小芳全身多部位现存损伤评定为轻微伤；李某系被他人勒颈致机械性窒息死亡。

【案例评析】本案是妻子经受长期家暴，难以忍受后实施的故意杀人行为。法院认为李小芳系因不堪忍受李某的长期家庭暴力而引发，犯罪情节不是特别恶劣，手段不是特别残忍，情节较轻。李小芳在激愤、恐惧状态下为了防止再次遭受家庭暴力，而故意杀害被害人，其行为具有防卫因素，施暴人在案件起因上具有明显过错，可以酌情从宽处罚。最终认定李小芳犯故意杀人罪，判处有期徒刑 3 年，缓刑 5 年。

(二) 过失致人死亡罪

过失致人死亡罪是指过失致使他人死亡的行为。主要包括疏忽大意的过失致人死亡和过于自信的过失致人死亡两种。在主观上表现为过失，如果抱有故意的心态，就不成立本罪，可能构成故意杀人罪。

犯本罪的处 3 年以上 7 年以下有期徒刑；情节较轻的，处 3 年以下有期徒刑。另有规定的，依照规定。

(三) 故意伤害罪

1. 故意伤害罪的认定

故意伤害罪是指故意非法损害他人身体健康的行为。

本罪在客观上表现为非法损害他人身体健康的行为，损害的程度可以分成轻伤、重伤和致人死亡三个层次。本罪的客体是他人的健康权，损害自己身体健康的，不构成本罪。

本罪主观上是故意。无论是出于报复、嫉妒还是由于家庭生活产生的不满，不同的动机不影响本罪的成立。

本罪主观上是故意。无论是出于报复、嫉妒还是由于家庭生活产生的不满，不同的动机不影响本罪的成立。

2. 故意伤害罪的处罚

犯本罪的，处 3 年以下有期徒刑、拘役或者管制。犯前款罪，致人重伤的，处 3 年以上 10 年以下有期徒刑；致人死亡或者以特别残忍手段致人重伤造成严重残疾的，处 10 年以上有期徒刑、无期徒刑或者死刑。另有规定的，依照规定。

【对点案例】

2014 年 12 月，肖某某（14 周岁）在某中学操场因游戏与王某发生争执。为防王某寻仇，肖某某遂纠集同学赵某（15 周岁）、孙某某（16 周岁）以及张某（不满 14 周岁）等人，并准备木棍、扫把等工具在教室内等候。彭某等人为帮王某出头,赶至该教室后,彭某上前欲殴打肖某某。帮架的赵某将彭某拦住,其手上的木棍被夺后与肖某某一同与彭某互殴,孙某某在一旁手持竹扫把殴打彭某肩背部,张某手持铁棍砸彭某头部致其倒地受伤。另手持木棍的舒某某和郭某某将王某打伤。经鉴定,彭某损伤已构成重伤二级;王某构成轻微伤。

【案例评析】这是一起典型的校园暴力导致他人重伤的案件,法院经审理认为,孙某某、肖某某、赵某伙同他人故意伤害公民身体致人重伤,其行为均已构成故意伤害罪。

(四) 强奸罪

1. 强奸罪的认定

强奸罪是指违背妇女意志,使用暴力,胁迫或者其他手段,强行与妇女发生性交的行为以及和不满14周岁的幼女发生性交的行为。

本罪主体是已满14周岁的,具有辨认、控制能力的自然人,通常指的是男性。

本罪客观上表现为采用暴力、胁迫或者其他手段,强行与妇女发生关系。本罪侵犯的对象是女性,包括不满14周岁的幼女与14周岁以上的少女和妇女。

本罪是故意犯罪,必须明知是强奸妇女或者奸淫幼女的行为而有意实施的主观心理状态。在奸淫幼女型的强奸中,行为人主观上必须明知对方是不满14周岁的幼女。

2. 强奸罪的处罚

犯本罪的,处3年以上10年以下有期徒刑。奸淫不满14周岁的幼女的,以强奸论,从重处罚。有下列情形之一的,处10年以上有期徒刑、无期徒刑或者死刑。

强奸妇女、奸淫幼女情节恶劣的。"情节恶劣"是指强奸的手段残忍、强奸1人多次或者强奸孕妇、精神病人等。

强奸妇女、奸淫幼女多人的。"多人"一般指3人以上。

在公共场所当众强奸妇女、奸淫幼女的。"公共场所"是指不特定的人能够自由进出的建筑物、设施等，如学校、游乐场、酒吧等。

2人以上轮奸的。"轮奸"是指2人以上的男子在同一时间对同一妇女或者幼女实施强奸的行为。

奸淫不满10周岁的幼女或者造成幼女伤害的。

致使被害人重伤、死亡或者造成其他严重后果的。"其他严重后果"是指因强奸引起被害人自杀或者精神失常等情况。

3. 强奸的具体情况与认定

（1）强奸与未婚男女在恋爱过程中的不正当行为。未婚男女在恋爱过程中自然发生性行为的，一般不以犯罪论处。恋爱期间双方自愿发生性行为，但由于感情破裂女方状告男方强奸的，一般不认定为犯罪。

（2）强奸精神病人。精神病人没有同意能力，因此男方只要明知对方是精神病人，与其发生关系的，不论精神病人是否"同意"，均构成强奸罪。

（3）婚内强奸。婚内强奸行为在司法实践中，一般不认为婚内强奸构成强奸罪，只有在婚姻关系非正常存续期间（例如正在诉讼离婚）的婚内强奸才构成强奸罪。

（五）非法拘禁罪

1. 非法拘禁罪的认定

非法拘禁罪是指以拘押、禁闭或者其他强制方法，非法剥夺他人人身自由的行为。本罪所侵犯的法益是他人的自由移动，自由移动是指他人根据自己的意愿自由支配身体活动的自由。本罪在客观上表现为以拘禁或者其他强制方法，非法剥夺他人人身自由。其他强制方法可以是利用他人的恐惧、羞耻心理使其无法离开，在事实上失去行动自由。

2. 非法拘禁罪的量刑处罚

犯本罪的处 3 年以下有期徒刑、拘役、管制或者剥夺政治权利。具有殴打、侮辱情节的，从重处罚。犯前款罪，致人重伤的，处 3 年以上 10 年以下有期徒刑；致人死亡的，处 10 年以上有期徒刑。使用暴力致人伤残、死亡的，依照故意伤害罪、故意杀人罪定罪处罚。

为索取债务非法扣押、拘禁他人的，依照前两款的规定处罚。

【对点案例】

2014 年 1 月，罗某因怀疑王某某、陈某某、潘某某在管理其经营的石渣生意期间，在账目上造假侵吞款项，遂与蒋某、"阿三"等人将这三人从某村带到了某庙的边上，质询账目收支情况，并使用拳脚及持棍殴打三人，致王某某构成轻伤二级。后罗某与王某某达成协议，将罗某怀疑的账目上被侵吞的 3 万余元与其欠王某某的 3 万余元抵销。整个过程持续 4 个小时左右。

罗某、蒋某为索取债务，非法限制他人人身自由并进行殴打，致人轻伤，其行为均构成非法拘禁罪。因此法院认定罗某犯非法拘禁罪，判处有期徒刑 9 个月；蒋某犯非法拘禁罪，判处有期徒刑 9 个月。

四、侵犯财产罪

（一）抢劫罪

1. 抢劫罪的认定

抢劫罪是指以非法占有为目的，当场使用暴力、胁迫或者其他方法，强行劫取公私财物的行为。

本罪在客观上表现为使用暴力、胁迫或者其他方法，强行劫取公私财物。

（1）使用暴力、胁迫或者其他方法是本罪的强制手段，这些方法都要足以压制一般人的反抗。

（2）强行劫取财物的目的包括行为人当场直接夺走财物或者迫使被害人主动交出财物。

（3）公私财物是本罪的对象。违禁品也能成为抢劫罪的对象，抢劫毒品、假币、淫秽物品的，构成抢劫罪。抢劫的违禁品数量作为量刑情节予以考虑。抢劫违禁品后又以违禁品实施其他犯罪的，应以抢劫罪与具体实施的其他犯罪实行数罪并罚。

本罪的主观要件是故意，并且具有非法占有的目的。

2. 抢劫罪的处罚

犯本罪的，处 3 年以上 10 年以下有期徒刑，并处罚金；有下列情形之一的，处 10 年以上有期徒刑、无期徒刑或者死刑，并处罚金或者没收财产。

（1）入户抢劫的。"户"是指住所，其特征表现为供他人家庭生活，并与外界相对隔离。一般情况下，集体宿舍、旅店宾馆、临时搭建工棚等不应认定为"户"。

（2）在公共交通工具上抢劫的。这主要是指在从事旅客运输的各种公共汽车、大、中型出租车、火车、船只、飞机等正在运营中的机动公共交通工具上对旅客、司机、乘务人员实施的抢劫。

（3）抢劫银行或者其他金融机构的。抢劫正在使用中的运钞车，也视为抢劫银行或者其他金融机构。

（4）多次抢劫或者抢劫数额巨大的。"多次"是指 3 次或者 3 次以上。

（5）抢劫致人重伤、死亡的。

（6）冒充军警人员抢劫的。"军警人员"是指现役军人、武装警察、公安和国家安全机构的警察、司法警察，不包括其他执法人员或者司法人员。

（7）持枪抢劫的。持枪抢劫是指行为人使用枪支或者向被害人显示持有、佩戴的枪支进行抢劫的行为，这里的枪不包括假枪。

（8）抢劫军用物资或者抢险、救灾、救济物资的。

（二）抢夺罪

1. 抢夺罪的认定

抢夺罪是指以非法占有为目的，公然抢夺数额较大的公私财物或者多次抢夺的行为。

本罪客观上表现为抢夺行为，本质上是公然夺取的行为。夺取的财物价值必须达到数额较大或者具有多次抢夺的行为。

本罪的主观要件是故意，并且具有非法占有的目的。

2. 抢夺罪的处罚

犯本罪，数额较大的，或者多次抢夺的，处3年以下有期徒刑、拘役或者管制，并处或者单处罚金；数额巨大或者有其他严重情节的，处3年以上10年以下有期徒刑，并处罚金；数额特别巨大或者有其他特别严重情节的，处10年以上有期徒刑或者无期徒刑，并处罚金或者没收财产。

（1）"数额较大"是指抢夺公私财物价值1 000元至3 000元以上。

（2）"多次抢夺"是指1年内抢夺3次以上。

（3）"数额巨大"是指抢夺公私财物价值3万元至8万元以上。

（4）"数额特别巨大"是指抢夺公私财物价值20万元至40万元以上。

【对点案例】

2021年5月，杨某某在金华市宾乐路趁80岁的金某不备，将金某挂在脖子上的金项链（含足金珠子150.54克，玉坠一块）拽下夺走并逃跑，横穿马路跳到对面桥下，在桥下将

> 自己原本衣着换装。经查，杨某某未成功夺走的金项链经鉴定价值约 6 万元。
>
> 杨某某以非法占有为目的，抢夺老年人财物，属于有其他严重情节，其行为已构成抢夺罪。杨某某已经着手实施犯罪，由于意志以外的原因，部分犯罪未得逞，系犯罪未遂，对其从轻处罚。因此法院认定杨某某犯抢夺罪，判处有期徒刑 3 年 2 个月，并处罚金 15 000 元。

【小贴士】

抢夺与抢劫，区别在哪里？

抢夺罪和抢劫罪主体都是一般主体。两者的区别主要有以下几点：

（1）侵犯的客体不同。抢夺罪侵犯的客体是简单客体，即公私财产所有权。而抢劫罪侵犯的客体是复杂客体，即公私财产所有权和他人的人身权利。

（2）犯罪手段表现不同。抢夺罪是趁人不备公然夺取财物，而抢劫罪则是行为人采取暴力、胁迫或者其他手段迫使被害人交出财物或者直接将财物抢走。

（3）犯罪结果不同。抢夺罪的法定结果为非法占有他人财物，而抢劫罪的法定结果除非法占有他人财物之外，还包括可能造成被害人伤亡的结果。

（三）敲诈勒索罪

1. 敲诈勒索罪的认定

敲诈勒索罪是指以非法占有为目的，使用威胁、要挟等方法强行索取他人财物数额较大或者多次敲诈勒索的行为。

本罪在客观上表现为使用威胁、要挟等方法强行索取他人财物或者多次敲诈勒索。

（1）存在敲诈行为。一般敲诈行为都是通过威胁或者要挟的方式进行，包括以暴力相威胁使对方产生恐惧而交付财物；或者以揭发隐私等非暴力方式相威胁，使对方产生恐惧而交付财物。

（2）对方陷入恐惧之中，不得已交付公私财物。

2. 敲诈勒索罪的处罚

犯本罪的，数额较大或者多次敲诈勒索的，处 3 年以下有期徒刑、拘役或者管制，并处或者单处罚金；数额巨大或者有其他严重情节的，处 3 年以上 10 年以下有期徒刑，并处罚金；数额特别巨大或者有其他特别严重情节的，处 10 年以上有期徒刑，并处罚金。

（1）"数额较大"是指敲诈勒索公私财物价值 2 000 元至 5 000 元以上。

（2）"多次敲诈勒索"是指 2 年内敲诈 3 次以上。

（3）"数额巨大"是指 3 万元至 10 万元以上。

（4）"数额特别巨大"是指 30 万元至 50 万元以上。

（四）盗窃罪

1. 盗窃罪的认定

盗窃罪是指以非法占有为目的，窃取数额较大的公私财物或者多次盗窃、入户盗窃、携带凶器盗窃、扒窃公私财物的行为。

本罪的主体是已满 16 周岁，具有辨认和控制自己行为能力的自然人。邮政工作人员私自开拆或者隐匿、毁弃邮件、电报而窃取财物的，依照盗窃罪从重处罚。

本罪客观上表现为窃取公私财物、多次盗窃、入户盗窃、携带凶器盗窃、扒窃。

（1）窃取是指将他人占有的财物转移到自己或者第三人占有的行为。

（2）入户盗窃是指非法进入他人家庭生活、与外界相互隔离的住所进行盗窃的行为。

（3）携带凶器盗窃中的"凶器"是指携带枪支、爆炸物、管制刀具等国家禁止个人携带的器械盗窃,或者为了实施违法犯罪携带其他足以危害他人人身安全的器械盗窃的行为。

(4)扒窃是指在公共场所或者公共交通工具上盗窃他人随身携带的财物的行为。

本罪的主观要件是故意,并且具有非法占有的目的。

2. 盗窃罪的处罚

犯本罪数额较大的,或者多次盗窃、入户盗窃、携带凶器盗窃、扒窃的,处 3 年以下有期徒刑、拘役或者管制,并处或者单处罚金;数额巨大或者有其他严重情节的,处 3 年以上 10 年以下有期徒刑,并处罚金;数额特别巨大或者有其他特别严重情节的,处 10 年以上有期徒刑或者无期徒刑,并处罚金或者没收财产。

(1)"数额较大"是指盗窃公私财物价值 1 000 元至 3 000 元以上。

(2)"数额巨大"是指盗窃公私财物价值 3 万元至 10 万元以上。

(3)"数额特别巨大"是盗窃公私财物价值指 30 万元至 50 万元以上。

(五)诈骗罪

1. 诈骗罪的认定

诈骗罪是指以非法占有为目的,使用虚构事实或者隐瞒真相的方法,骗取数额较大的公私财物的行为。

本罪客观上表现为使用虚构事实或者隐瞒真相的方法,骗取数额较大的公私财物。具体而言,行为人实施欺骗行为,被害人陷入认识错误作出财产处分,行为人取得财产,对被害人造成财产损失。

本罪的主观要件是故意,并且具有非法占有的目的。

2. 诈骗罪的处罚

犯本罪数额较大的,处 3 年以下有期徒刑、拘役或者管制,并处或者单处罚金；数额巨大或者有其他严重情节的，处3年以上10年以下有期徒刑，并处罚金；数额特别巨大或者有其他特别严重情节的，处10年以上有期徒刑或者无期徒刑，并处罚金或者没收财产。

（1）"数额较大"是指诈骗公私财物价值3 000元至1万元以上。

（2）"数额巨大"是指诈骗公私财物价值3万元至10万元以上。

（3）"数额特别巨大"是指诈骗公私财物价值50万元以上。

【对点案例】

> 2015年，某网约车平台注册登记司机董某、谈某、高某、宋某，分别用购买、租赁未实名登记的手机号注册网约车乘客端，并在乘客端账户内预充打车费10～20元。随后，他们各自虚构用车订单，并用本人或其实际控制的其他司机端账户接单，发起较短距离用车需求，后又故意变更目的地延长乘车距离，致使应付车费大幅提高。由于乘客端账户预存打车费较少，无法支付全额车费。网约车公司为提升市场占有率，按照内部规定，在这种情况下由公司垫付车费，同样给予司机承接订单的补贴。4人采用这一手段，分别非法获取网约车公司垫付车费及公司给予司机承接订单的补贴。董某获取40 664.94元，谈某获取14 211.99元，高某获取38 943.01元，宋某获取6 627.43元。
>
> 4人以非法占有为目的，采用自我交易方式，虚构提供服务事实，骗取互联网公司垫付费用及订单补贴，数额较大的行为，构成诈骗罪。

（六）侵占罪

侵占罪是指将代为保管的他人财物或他人的遗忘物、埋藏物非法占为己有，拒不交还数额较大的行为。本罪是亲告罪。

将代为保管的他人财物非法占为己有，数额较大，拒不退还的，处 2 年以下有期徒刑、拘役或者罚金；数额巨大或者有其他严重情节的，处 2 年以上 5 年以下有期徒刑，并处罚金。

将他人的遗忘物或者埋藏物非法占为己有，数额较大，拒不交出的，依照前款规定处罚。

【对点案例】

1. 甲要出国，将名贵的字画交给乙保管。两年后甲回国拿字画时，乙拒不归还并且认为是自己的字画。乙的侵占行为构成侵占罪。

2. 甲在公园弄丢了价值 5 万元的戒指，查看监控发现是乙捡走了，联系乙后，乙却拒不归还。甲的戒指丢失属于遗失物，乙非法占为己有的行为构成侵占罪。

五、妨害社会管理秩序罪

（一）聚众斗殴罪

1. 聚众斗殴罪的认定

聚众斗殴罪是指故意组织、策划或积极参加聚众斗殴的行为。

本罪的主体为首要分子和其他积极参加聚众斗殴的人。首要分子是在这起聚众斗殴的组织中起到组织、策划、指挥作用的犯罪分子；积极参加斗殴者要视其在整起聚众斗殴中所起到的作用而定，积极参与斗殴行为导致危害结果发生的人，为聚众斗殴出谋划策的人等都算积极参与者。

本罪客观上表现为聚众和斗殴。聚众就是纠集众人，纠集 3 人以上就算聚众；斗殴是指双方进行攻击，双方使用工具或者徒手攻击都算斗殴。

本罪主观上是故意，行为人在主观上认识到自己是在纠集他人，双方都有进行斗殴的故意。

2. 聚众斗殴罪的处罚

首要分子和其他积极参加的，处 3 年以下有期徒刑、拘役或者管制。

除此之外，本罪还有四种加重情节，会被判处 3 年以上 10 年以下有期徒刑：多次聚众斗殴的；聚众斗殴人数多，规模大，社会影响恶劣的；在公共场所或者交通要道聚众斗殴，造成社会秩序严重混乱的；持械聚众斗殴的。

聚众斗殴，致人重伤、死亡的，依照故意伤害罪或故意杀人罪定罪处罚。

【对点案例】

> 【案情简介】马某是高年级学生，作为学生会的干部对低年级的白某某班级进行检查时，发现白某某不遵守课堂纪律，在进行管理时双方产生摩擦。两人相约斗殴，白某某纠集董某某等人，持刀、钢管等工具，与马某纠集的张某某等人，在某电子城南墙外聚众斗殴，致多人受伤。张某某等三人构成重伤，另有三人构成轻伤，二人构成轻微伤。
>
> 白某某纠集他人聚众斗殴，致三人重伤，其行为已构成故意伤害罪；其他人的行为均已构成聚众斗殴罪。因此法院以故意伤害罪判处白某某有期徒刑 5 年；对其以聚众斗殴罪分别判处有期徒刑 1 年 6 个月至有期徒刑 6 个月缓刑 1 年不等刑期。

【案例评析】本案是校园内学生之间进行管理时因不服从管理发生纠纷而导致的恶性暴力犯罪案件。反映出学生们正值青春期,逆反心理较为严重,行事较为冲动。在校园内一旦碰到问题不能通过正当途径解决,易寻求暴力对抗,需加强法制教育。

(二) 寻衅滋事罪

1. 寻衅滋事罪的认定

寻衅滋事罪是指寻衅滋事、扰乱社会秩序的行为。

本罪客观上表现为找借口闹事,实施破坏社会秩序的行为。主要包括:殴打、侮辱、恐吓、强拿硬要、扰乱社会秩序等。

(1) 随意殴打他人,情节恶劣的。"情节恶劣"是指:致1人以上轻伤或者2人以上轻微伤的;引起他人精神失常、自杀等严重后果的;多次随意殴打他人的;持凶器随意殴打他人的;随意殴打精神病人、残疾人、流浪乞讨人员、老年人、孕妇、未成年人,造成恶劣社会影响的;在公共场所随意殴打他人,造成公共场所秩序严重混乱的;其他情节恶劣的情形。

(2) 追逐、拦截、辱骂、恐吓他人,情节恶劣的。这里的"情节恶劣"包括以下情形:多次追逐、拦截、辱骂、恐吓他人,造成恶劣社会影响的;持凶器追逐、拦截、辱骂、恐吓他人的;追逐、拦截、辱骂、恐吓精神病人、残疾人、流浪乞讨人员、老年人、孕妇、未成年人造成恶劣社会影响的;引起他人精神失常、自杀等严重后果的;严重影响他人的工作、生活、生产、经营的;其他情节恶劣的情形。

(3) 强拿硬要或者任意损毁、占用公私财物,情节严重的。这里的"情节恶劣"包括以下情形:强拿硬要公私财物价值1 000元以上,或者任意损毁、占用公私财物价值2 000元以上的;多次强拿硬要或者任意损毁、占用公私财物,造成恶劣社会影响的;强拿硬要或者任意损毁、占用精神病人、残疾人、流浪乞讨人员、老年人、孕妇、未成年人的财物，造成恶劣社会影响的；引起他人精神失常、自杀等严重后果的；严重影响他人的工作、生活、生产、经营的；其他情节严重的情形。

（4）公共场所起哄闹事，造成公共场所秩序严重混乱的。"公共场所"是指在车站、码头、机场、医院、商场、公园、影剧院、展览会、运动场等场所起哄闹事。

2. 寻衅滋事罪的处罚

犯本罪的，处5年以下有期徒刑、拘役或者管制。纠集他人多次实施前款行为，严重破坏社会秩序的，处5年以上10年以下有期徒刑，可以并处罚金。

【对点案例】

2020年2月，隆尧县村干部刘某某、白某某按照县政府疫情防控工作要求，在村中大街巡逻劝返聚集聊天的村民，赵某某对劝解不满，借故与刘某某发生争执，后被家人拉回家中。第二日赵某某携带尖刀和烟花弹"震天雷"到村委会扬言自杀闹事，并让所有人不得进入村委会办公室。刘某某到镇派出所报案后，与派出所民警一起赶到村委会。民警到场后赵某某情绪更加激动，继续用尖刀抵住颈部威胁自杀。下午特警赶到现场增援，在与赵某某交谈试图逐步接近时，赵某某扔掉尖刀欲点燃随身携带的烟花弹"震天雷"，当即被公安特警制服。期间大量村民长时间聚集围观议论，秩序十分混乱，严重干扰了村委会疫情防控工作。

本案赵某某在村委会起哄闹事，造成秩序严重混乱，干扰了村委会疫情防控工作。其行为已构成寻衅滋事罪，法院依法判处赵某某有期徒刑6个月。

(三) 高空抛物罪

高空抛物罪是指从建筑物或者其他高空抛掷物品，情节严重的行为。

从建筑物或者其他高空抛掷物品，情节严重的，处 1 年以下有期徒刑、拘役或者管制，并处或者单处罚金。有前款行为，同时构成其他犯罪的，依照处罚较重的规定定罪处罚：

（1）故意从高空抛弃物品，尚未造成严重后果，但足以危害公共安全的，依照《刑法》第一百一十四条以危险方法危害公共安全罪定罪处罚；致人重伤、死亡或者使公私财产遭受重大损失的，依照《刑法》第一百一十五条第一款的规定处罚。

（2）为伤害、杀害特定人员实施上述行为的，依照故意伤害罪、故意杀人罪定罪处罚；

（3）过失导致物品从高空坠落，致人死亡、重伤，符合《刑法》第二百三十三条、第二百三十五条规定的，依照过失致人死亡罪、过失致人重伤罪定罪处罚；

（4）在生产、作业中违反有关安全管理规定，从高空坠落物品，发生重大伤亡事故或者造成其他严重后果的，依照《刑法》第一百三十四条第一款的规定，以重大责任事故罪定罪处罚。

(四) 赌博罪

赌博罪是指以营利为目的、聚众赌博或者以赌博为业的行为。本罪是营业犯，必须以营利为目的，反复多次实施赌博才构成犯罪。

"聚众赌博"是指有下列情形之一的：组织 3 人以上赌博，抽头渔利数额累计达到 5 000 元以上的；组织 3 人以上赌博，赌资数额累计达到 5 万元以上的；组织 3 人以上赌博，参赌人数累计达到 20 人以上的；组织中华人民共和国公民 10 人以上赴境外赌博，从中收取回扣、介绍费的。

犯本罪的，处 3 年以下有期徒刑、拘役或者管制，并处罚金。

实施赌博犯罪，有下列情形之一的，依照刑法第三百零三条的规定从重处罚：具有国家工作人员身份的；组织国家工作人员赴境外赌博的；组织未成年人参与赌博，或者开设赌场吸引未成年人参与赌博的。

第八章　法律纠纷的解决途径

【法谚法语】

"有权利必有救济，无救济则无权利。"

第一节　人民调解

【案例导入】

宁德的李西冬在晋江市安海镇种了10年的草莓，并已经开始产业种植了，但在10天前，突然有田地的使用权人王畅不让水从他们家田经过，草莓因为缺乏水供应大面积的枯萎，李西冬急得团团转，多次与王畅沟通无果，于是向当地的村委会提出申请，请求村委会出面进行调解。

【思考】村委会有权调解吗？

法律纠纷大致可分为民事纠纷、行政纠纷和刑事纠纷。而我们农民朋友在日常生活、农业生产经营中发生的纠纷主要是民事纠纷。发生了民事纠纷，当事人可以选择协商、调解、仲裁和诉讼四种方式来解决。其中，人民调解制度是一项中国特色的法律制度，是诉讼外化解纠纷、消除纷争的重要手段，具有扎根基层、深入群众、便民、利民、不收费等特点，是将各种矛盾解决在基层，消除在萌芽状态，成为维护社会秩序的"第一道防线"。具体而言，是指在人民调解委员会主持下，以国家法律法规、规章为依据，对民间纠纷双方当事人进行调解、劝说，促使他们互谅互让、平等协商，自愿达成协议，消除纠纷的一种诉讼外的群众自治活动。

一、人民调解受理的方式

人民调解委员会受理纠纷的方式有两种，一种是申请受理，另一种是主动受理。当事人一方或者双方向人民委员会申请，要求调解纠纷，方式可以采取口头形式，也可以是书面形式。主动受理是指人民调解委员会根据群众报告或者经有关部门告知纠纷的发生，而主动、及时赶赴纠纷现场进行调查、调解、斡旋。实践中还有一种情况，即已经到公安部门或法院的纠纷，公安或法院认为更适宜人民调解委员会调解解决的，移交人民调解委员会受理。但是，不论通过哪一种方式受理纠纷，都必须遵循一个原则，就是要尊重当事人的意愿。对于当事人明确表示不愿接受调解组织调解的，应当尊重当事人的选择。

纠纷受理应当符合如下条件：
（1）调解纠纷属于调解委员会调解的范围；
（2）有明确的当事人；
（3）有明确的调解请求和纠纷事实及相关证据材料。

二、人民调解的工作范围

人民调解制度自产生以来，调解的内容基本上是公民与公民之间的婚姻、继承、赡养、邻里关系、小额债务、轻微侵权等一般民事性质的纠纷。随着经济社会的发展变化，特别是在目前的社会转型期，人民调解的纠纷范围，从纠纷主体到纠纷内容，都有了较大的拓展和变化。比如因土地承包、村务管理、征地拆迁、环境污染、企业改制、劳资工伤、物业管理、集资纠纷、复转军人安置、医疗纠纷、下岗分流、催讨欠薪以及涉法上访等社会热点、难点等引发的矛盾纠纷不断增多。从纠纷类型可以看到：一是纠纷主体发生变化，群体性纠纷显著增多。以前的纠纷多是在公民与公民之间发生，现在则出现了许多公民与法人、法人与法人之间的纠纷，有时还涉及像村委会等集体组织；二是矛盾纠纷呈多样化、复杂化趋势；三是部分当事人诉求方式和行为方式偏激甚至违法。

一般认为，凡是发生在公民与公民之间、公民与法人或者其他组织之间，涉及当事人有权处分的人身、财产权益的纠纷，属于民间纠纷，可以通过人民调解来处理。具体而言包括：

（1）公民与公民之间的婚姻、继承、赡养、邻里关系，小额债务、轻微侵权等民事纠纷；

（2）公民与法人之间的纠纷；

（3）公民与集体组织之间的纠纷；

（4）新时期的人民调解工作也要根据发展变化的社会情况，相应调整可以调解的民间纠纷的范围。

但法律、行政法规规定应当由专门机关管辖处理的纠纷或者禁止采用调解方式解决的纠纷除外。

下列几项人民调解委员会不得越位受理：

（1）法律法规明确不得越位受理的；

（2）人民法院已经受理或正在审判的；

（3）一方当事人不同意调解的；

（4）已构成犯罪或构成违反治安管理处罚行为的；

（5）已经申请乡镇人民政府及其有关部门处理或处理完毕的。

三、人民调解的原则

《人民调解法》第三条规定，人民调解委员会调解民间纠纷，应当遵循下列原则：（1）在当事人自愿、平等的基础上进行调解；（2）不违背法律法规和国家政策；（3）尊重当事人的权利，不得因调解而阻止当事人依法通过仲裁、行政、司法等途径维护自己的权利。人民调解组织开展调解工作,应当遵循当事人自愿平等、合法合理、尊重当事人权利三项基本原则。这三项原则符合人民调解性质、功能的定位,是人民调解应民需、得民心、顺民意的保证,也是人民调解工作健康发展、充分发挥作用的保证。

四、人民调解的程序

(一) 回避情形

适宜基层处理的民间纠纷应在调解员的主持下进行,调解员有下列情形的,调解参加人也有权要求回避:

(1) 调解参加人是纠纷当事人或者当事人近亲属的;
(2) 本人或其近亲属和纠纷有利害关系的;
(3) 与纠纷当事人有其他关系,可能影响公正调解的。

【对点案例】

2014年8月,安凯乡人民调解委员会接到一起跨乡镇人民调解申请。申请人林某是安凯乡半山村村民,经营海上运输业务,是一艘运输船的船东,黄岐镇郭某是其雇工。该船在7月份运货至江苏期间,遇上台风,船舶在江苏南通某港口避风期间,郭某发生中风,船上人员将其送医抢救,郭某病情稳定后被家属送回黄岐镇继续治疗,后双方就郭某中风所引起的赔偿补偿问题发生纠纷。

安凯乡人民调解委员会接到调解申请后派出两位专职人民调解员开展调解。在调解过程中,郭某的家属提出:调解员陈友文是半山村人,担心他可能与对方当事人认识而对他们不利,遂申请回避。

申请人民调解员回避,《人民调解法》中对此没有规定,而且在以自愿为首要原则的人民调解工作中极为少见,安凯乡第一次有当事人提出这样的问题。那么当事人是否可以申请人民调解员回避?如果可以,依据何在?面对这些问题,安凯司法所及时给出意见:2002年9月11日司法部部长办公会议通过的《人民调解工作若干规定》第六条对调解员回避作出了规定,该案当事人可以申请调解员回避。

据此,安凯乡人民调委会在充分考虑了申请人的要求后,经过讨论,依据《人民调解法》第二十三条当事人有"选择或者接受人民调解员"的权利之规定,以及《人民调解工作若干规定》第六条,决定该专职人民调解员不再介入案件的调解。同时,为了让调解工作公平、顺利地推进,安凯乡人民调委会依据《人民调解法》第二十条之规定,邀请了黄岐镇的一名专职人民调解员和安凯乡专职人民调解员陈卫通一起继续调解这起纠纷,最终使纠纷得以顺利化解。

(二) 人民调解的方式

对于能够当场调解的纠纷,可予以口头简易调解,事后做好登记。对于不能当场调解的纠纷,应及时收集现场、当事人和证人提供的证据,做好笔录、登记。双方当事人约定好调解时间后,按时组织调解会,进行平等协商。在调解过程中,充分听取当事人陈述,调查了解,查明矛盾纠纷发生的法律事实后,以法律法规和社会公德为依据,分清是非曲直,明确过错责任划分。在调解过程中做到笔录,以便查阅。

在调解期限内,调解成功的,制作《人民调解协议书》,当事人履行义务后存档备查;调解未成功的,在登记表中由当事人签注意见,存档备查,并告知当事人有向乡镇调处中心申请调解或直接向人民法院提起诉讼的权利。

五、人民调解的期限

人民调解委员会调解纠纷，一般在受理后30日内调结；行业、专业领域的纠纷应当在受理后60日内调结。因特殊情况需要延长调解期限的，人民调解委员会和当事人可以约定延长的期限；不能约定延长期限或者超过约定期限仍未达成调解协议的，视为调解不成。

六、人民调解的效力

经人民调解委员会调解达成的、有民事权利义务内容，并由双方当事人签字或者盖章的调解协议，具有民事合同性质。当事人应当按照约定履行自己的义务，不得擅自变更或者解除调解协议。一般情况下经人民调解委员会调解达成调解协议后，当事人反悔的，可以再向法院起诉。但是如果该调解协议经过法院确认有效后，则当事人不能再就原纠纷向法院起诉。

人民调解委员会主持下达成的调解协议，当事人应当履行。调解后当事人未达成协议或者达成协议后又反悔的，任何一方可以请求基层人民政府处理，也可以向人民法院起诉。

【法律文本示例】

人民调解书范本

申请人（当事人）：刘某某，男，××岁，×族，职业：农民，住址：××××××，身份证号码：××××××××××××××××××

被申请人（当事人）：张某某，女，××岁，×族，职业：厂长，住址：××××××，身份证号码：××××××××××××××××××

纠纷简要情况：20××年××月××日晚7时左右，申请人刘_____在被申请人张_____开办的_____拉丝厂工作时，因操作不慎被钢丝将手拉伤，造成其右手小指、无名指及中指被截去的严重后果，并因此花去医疗费共计_____余元。张_____拒绝为其支付医疗费用。刘_____在多次与其交涉未果的情况下，向本调委会提出申请，要求对此事进行调解。

经调解，自愿达成如下协议：

1. 由_____承担所有的医疗费用_____元；
2. _____与张_____即日起终止劳动关系及工伤保险关系。
3. 本协议签订之时，由张_____一次性支付刘_____现金_____元；
4. 在某年某月某日前，由张_____为刘_____付清所有的医疗费用。

本协议一式叁份，申请人、被申请人、人民调解委员会各持一份。

申请人（签名）_____　　　被申请人（签名）_____

××年××月××日　　　　　　××年××月××日

调解员（签名）_____

××年××月××日

第二节　农村土地承包经营纠纷调解仲裁

【案例导入】

2012年，李某作为家庭承包方与发包方本村村民委员会签订土地承包合同，取得了村西的东西长127米，南北宽14.2米，面积为2.62亩的土地承包经营权，且一直用于农业生产经营。2015年8月29日，县政府为李某补发了农村集体土地承包经营权证书，该证书载明有效期至2040年8月31日。后李某又取得0.51亩土地用于农业生产，两宗土地面积共计 3.13 亩。

2016 年 7 月，李某与张某等 8 人达成口头协议，将李某正在经营的 3.13 亩承包地，准备用在包括李某在内的 9 户建房所用，后来未能办妥建房手续，且李某与张某等 8 户达成口头协议，未经村委会同意和报发包方备案，但协议达成后，张某等 8 户村民在张某的土地上生产经营。李某要求返还自己的承包地无果。

【思考】李某应该怎么办？

为了公正、及时解决农村土地承包经营纠纷，维护当事人的合法权益，促进农村经济发展和社会稳定，《农村土地承包经营纠纷调解仲裁法》于 2009 年 6 月 27 日第十一届全国人民代表大会常务委员会第九次会议通过并实施。

一、农村土地承包经营纠纷的调解

农村土地承包经营纠纷调解是指在村民委员会、乡（镇）人民政府的主导下，依照法律、政策及社会主义道德规范，对纠纷当事人进行说服规劝，在双方自主自愿情况下达成协议，使得土地承包经营纠纷得到及时解决的一种活动。

其中农村土地承包经营纠纷包括：

（1）因订立、履行、变更、解除和终止农村土地承包合同发生的纠纷。

（2）因农村土地承包经营权转包、出租、互换、转让、入股等流转发生的纠纷。

（3）因收回、调整承包地发生的纠纷。

（4）因确认农村土地承包经营权发生的纠纷。

（5）因侵害农村土地承包经营权发生的纠纷。

（6）法律法规规定的其他农村土地承包经营纠纷。

（一）农村土地承包经营纠纷的调解原则

根据《农村土地承包经营纠纷调解仲裁法》第五条规定，农村土地承包经营纠纷调解和仲裁，应当公开、公平、公正，便民高效，根据事实，符合法律，尊重社会公德。因此农村土地承包经营纠纷的调解应当遵守以下原则：

（1）自愿性原则。当事人双方自愿申请调解，接受村民委员会、乡（镇）人民政府调解人员的调解，在此基础上自愿达成调解协议并予以履行。

（2）合法性原则。村民委员会、乡（镇）人民政府的调解不违背法律法规和国家政策。

（3）公平、公正、公开性原则。村民委员会、乡（镇）人民政府在进行农村土地承包经营纠纷调解时遵守原则，才能更好地维护当事人的合法权益，及时解决纠纷。

（二）农村土地承包经营纠纷的调解程序

1. 申请调解

发生农村土地承包经营纠纷的，当事人可以自行和解，也可以请求村民委员会、乡（镇）人民政府等调解。申请调解是当事人的一项权利，任何组织和个人都不得加以干涉和限制。当事人自愿申请调解的，应当向村民委员会、乡（镇）人民政府提出申请。

申请的方式可以是书面申请，也可以口头申请。口头申请的，由村民委员会或者乡（镇）人民政府当场记录申请人的基本情况、申请调解的纠纷事项和理由。

2. 调解的审查与受理

发生农村土地承包经营纠纷的当事人提出调解申请后，村民委员会、乡（镇）人民政府对该申请进行审查，对符合要求的申请予以受理。村民委员会、乡（镇）人民政府主要审查的内容包括：申请调解的当事人是否符合条件；是否存在明确的被申请人；被申请人是否同意接受调解；是否有具体的调解请求和事实、理由；是否属于农村土地承包经营纠纷调解的范围等。

3. 调解的实施与终结

村民委员会、乡（镇）人民政府决定受理后展开调解工作，调解过程中村民委员会或者乡（镇）人民政府应当充分听取当事人对事实和理由的陈述，讲解有关法律以及国家政策，耐心疏导，帮助当事人达成协议。

经调解达成协议的，村民委员会或者乡（镇）人民政府应当制作调解协议书。调解协议书由双方当事人签名、盖章或者按指印，经调解人员签名并加盖调解组织印章后生效。经调解仍未达成调解协议的，调解工作依法终结，依照《农村土地承包经营纠纷调解仲裁法》第四条规定，当事人和解、调解不成或者不愿和解、调解的，可以向农村土地承包仲裁委员会申请仲裁，也可以直接向人民法院起诉。

二、农村土地承包经营纠纷的仲裁

农村土地承包经营纠纷仲裁是农村土地承包仲裁委员会在查明事实的基础上，依据相关法律法规对农村土地承包经营纠纷作出裁决的活动。因此农村土地承包仲裁委员会是进行农村土地承包经营纠纷仲裁活动的主要机构，在当地人民政府指导下设立。设立农村土地承包仲裁委员会的，其日常工作由当地农村土地承包管理部门承担。

（一）农村土地承包经营纠纷的仲裁范围

农村土地承包仲裁委员会主要仲裁农村土地承包经营纠纷，包括：

（1）因订立、履行、变更、解除和终止农村土地承包合同发生的纠纷；

（2）因农村土地承包经营权转包、出租、互换、转让、入股等流转发生的纠纷；

（3）因收回、调整承包地发生的纠纷；

（4）因确认农村土地承包经营权发生的纠纷；

（5）因侵害农村土地承包经营权发生的纠纷；

（6）法律法规规定的其他农村土地承包经营纠纷。

但因征收集体所有的土地及其补偿发生的纠纷，不属于农村土地承包仲裁委员会的受理范围，可以通过行政复议或者诉讼等方式解决。

（二）农村土地承包经营纠纷的仲裁程序

1. 申请仲裁

农村土地承包经营纠纷仲裁的申请人、被申请人为当事人。家庭承包的，可以由农户代表人参加仲裁。当事人一方人数众多的，可以推选代表人参加仲裁。

当事人申请农村土地承包经营纠纷仲裁应当符合以下条件：

（1）申请人与纠纷有直接的利害关系；

（2）有明确的被申请人；

（3）有具体的仲裁请求和事实、理由；

（4）属于农村土地承包仲裁委员会的受理范围。

当事人申请仲裁，应当向纠纷涉及的土地所在地的农村土地承包仲裁委员会递交仲裁申请书。仲裁申请书可以邮寄或者委托他人代交。仲裁申请书应当载明申请人和被申请人的基本情况，仲裁请求和所根据的事实、理由并提供相应的证据和证据来源。书面申请确有困难的，可以口头申请，由农村土地承包仲裁委员会记入笔录，经申请人核实后由其签名、盖章或者按指印。

农村土地承包经营纠纷申请仲裁的时效期间为2年，自当事人知道或者应当知道其权利被侵害之日起计算。

2. 仲裁的审查与受理

农村土地承包仲裁委员会应当对仲裁申请予以审查，认为符合规定的，应当受理。有以下情形之一的，不予受理；已受理的，终止仲裁程序：

（1）不符合申请条件；

（2）人民法院已受理该纠纷；

（3）法律规定该纠纷应当由其他机构处理；

（4）对该纠纷已有生效的判决、裁定、仲裁裁决、行政处理决定等。

农村土地承包仲裁委员会决定受理的，应当自收到仲裁申请之日起5个工作日内，将受理通知书、仲裁规则和仲裁员名册送达申请人；决定不予受理或者终止仲裁程序的，应当自收到仲裁申请或者发现终止仲裁程序情形之日起5个工作日内书面通知申请人，并说明理由。

3. 仲裁员的回避情形

仲裁员有下列情形之一的，必须回避，当事人也有权以口头或者书面方式申请其回避：

（1）是本案当事人或者当事人、代理人的近亲属；

（2）与本案有利害关系；

（3）与本案当事人、代理人有其他关系，可能影响公正仲裁；

（4）私自会见当事人、代理人，或者接受当事人、代理人的请客送礼。

当事人提出回避申请，应当说明理由，在首次开庭前提出。回避事由在首次开庭后知道的，可以在最后一次开庭终结前提出。农村土地承包仲裁委员会对回避申请应当及时作出决定，以口头或者书面方式通知当事人，并说明理由。

4. 开庭

农村土地承包经营纠纷仲裁应当开庭进行，开庭应当公开，但涉及国家秘密、商业秘密和个人隐私以及当事人约定不公开的除外。

开庭的地点可以在纠纷涉及的土地所在地的乡（镇）或者村进行，也可以在农村土地承包仲裁委员会所在地进行。当事人双方要求在乡（镇）或者村开庭的，应当在该乡（镇）或者村开庭。

申请人经书面通知，无正当理由不到庭或者未经仲裁庭许可中途退庭的，可以视为撤回仲裁申请。被申请人经书面通知，无正当理由不到庭或者未经仲裁庭许可中途退庭的，可以缺席裁决。

当事人在开庭过程中有权发表意见、陈述事实和理由、提供证据、进行质证和辩论，并且应当对自己的主张提供证据。若不通晓当地通用语言，农村土地承包仲裁委员会应当为其提供翻译。在此过程中，申请人可以放弃或者变更仲裁请求。被申请人可以承认或者反驳仲裁请求，有权提出反请求。仲裁庭作出裁决前，申请人撤回仲裁申请的，除被申请人提出反请求的外，仲裁庭应当终止仲裁。

农村土地承包经营纠纷的仲裁期限是，自受理仲裁申请之日起六十日内结束；案情复杂需要延长的经农村土地承包仲裁委员会主任批准可以延长，并书面通知当事人，但延长期限不得超过三十日。

5. 裁决

当事人申请仲裁后，可以自行和解。达成和解协议的，可以请求仲裁庭根据和解协议作出裁决书，也可以撤回仲裁申请。仲裁庭对农村土地承包经营纠纷应当进行调解。调解达成协议的，仲裁庭应当制作调解书；调解不成的，应当及时作出裁决。调解书经双方当事人签收后，即发生法律效力。在调解书签收前当事人反悔的，仲裁庭应当及时作出裁决。

仲裁庭应当根据认定的事实和法律以及国家政策作出裁决并制作裁决书。其中裁决书应当写明仲裁请求、争议事实、裁决理由、裁决结果、裁决日期以及当事人不服仲裁裁决的起诉权利期限，由仲裁员签名，加盖农村土地承包仲裁委员会印章。农村土地承包仲裁委员会应当在裁决作出之日起三个工作日内将裁决书送达当事人，并告知当事人不服仲裁裁决的起诉权利、期限。

当事人不服仲裁裁决的，可以自收到裁决书之日起三十日内向人民法院起诉。逾期不起诉的裁决书即发生法律效力。发生法律效力的仲裁裁决具有约束力和执行力，当事人应当依照规定的期限履行。一方当事人逾期不履行的，另一方当事人可以向被申请人住所地或者财产所在地的基层人民法院申请执行，受理申请的人民法院应当依法执行。

第三节 商事仲裁

【案例导入】

2017年6月12日，新兴粮食公司与圣奇农贸公司签订了《稻谷购销合同》，约定新兴粮食公司向圣奇农贸公司采购粳糯水稻2 700吨，采购单价3 600元每吨，合同货款为389万元，水稻交付日期为新兴粮食公司付款后10日内。新兴粮食公司按照合同约定将购粮款全部支付给圣奇农贸公司。然而，圣奇农贸公司没有按照合同约定的交付粮食，经催促后新兴粮食公司认为，时至申请仲裁之日，圣奇农贸公司未按协议约定履行交付水稻，经催促无效后新兴粮食公司向仲裁委员会申请仲裁。

【思考】什么情况下可以向仲裁委员会申请仲裁？

一、商事仲裁的概念与适用范围

商事仲裁的意思是由双方当事人协议将争议提交给第三人，由第三人对争议的是非进行评判作出裁决的一种办法。我国于1994年8月31日第八届全国人大常委会第九次会议通过了《仲裁法》，自1995年9月1日起施行。平等主体的公民、法人和其他组织之间发生的合同纠纷和其他财产纠纷，可以约定或申请仲裁。与人身有关的婚姻、收养、监护、抚养、继承纠纷，以及由强制性法规规范调整的法律关系的争议、行政争议，不能申请仲裁。

二、商事仲裁的基本原则

（1）自愿原则。当事人采用仲裁方式解决纠纷，应当双方自愿，达成仲裁协议。没有仲裁协议，一方申请仲裁的，仲裁委员会不予受理。

（2）依据事实和法律，公平合理地解决纠纷的原则。

（3）独立仲裁原则。仲裁依法独立进行，不受行政机关、社会团体和个人的干涉。

（4）一裁终局原则。仲裁庭的裁决为终局裁决。当事人就同一纠纷再申请仲裁或向人民法院提起诉讼，仲裁委员会和法院均不受理。

三、商事仲裁条件与程序

（一）申请商事仲裁的条件

1. 申请商事仲裁满足的实质条件

当事人申请商事仲裁应当符合以下条件：

（1）双方之间有约定仲裁协议。这是申请仲裁的必要条件。

（2）双方约定的仲裁协议是有效的。根据《仲裁法》的规定，仲裁协议要有效必须保护三个方面的内容：当事人双方仲裁的意思表示一致；有必须明确仲裁的事项；有明确的仲裁机构。

有效的仲裁协议对双方当事人都有约束力。当有一方向人民法院提起诉讼时，仲裁协议约定可以排除法院的管辖，适用双方约定的仲裁机构。当双方当事人存在仲裁协议，但一方在起诉时未明确有仲裁协议，法院受理后，另一方在首次开庭前提交了仲裁协议，人民法院应以没有管辖权为由驳回起诉。但仲裁协议无效除外。另一方在首次开庭前未对法院受理该案的管辖权提出异议的，视为放弃仲裁协议，人民法院应当继续受理。

有下列情形之一的，仲裁协议无效：

（1）口头形式约定的仲裁协议；

（2）约定的事项超出仲裁的范围；

（3）无民事行为能力人或者限制民事行为能力人签订的仲裁协议；

（4）仲裁协议对仲裁事项或者仲裁委员会没有约定或者约定不明，当事人又达不成补充协议的，仲裁协议无效；

（5）一方采取胁迫手段，迫使对方订立的仲裁协议无效；

（6）当事人约定争议可以向仲裁机构申请仲裁也可以向人民法院起诉的，仲裁协议无效。但一方向仲裁机构申请仲裁，另一方未在仲裁庭首次开庭前提出异议的除外；

（7）仲裁协议约定两个以上仲裁机构的，当事人可以协议选择其中的一个仲裁机构申请仲裁；当事人不能就仲裁机构选择达成一致的，仲裁协议无效；

（8）仲裁协议约定由某地的仲裁机构仲裁且该地仅有一个仲裁机构的，该仲裁机构视为约定的仲裁机构。该地有两个以上仲裁机构的，当事人可以协议选择其中的一个仲裁机构申请仲裁；当事人不能就仲裁机构选择达成一致的，仲裁协议无效。

2. 申请商事仲裁提交的材料

申请人向仲裁委员会提交相关材料申请仲裁时，申请人应当向仲裁委员会提交下列材料：

（1）仲裁协议。如包含在合同中，则应提交相应的合同复印件，并携带原件核对。

（2）仲裁申请书。仲裁申请书应列明以下内容：申请人、被申请人的姓名或者名称、身份号码、统一社会信用代码、住所、电话号码；法人或其他组织的法定代表人或主要负责人的姓名、职务、电话号码（特别是被申请人的送达地址及电话，应当在材料提交前进行确认，以免无法送达影响仲裁程序）；申请人所依据的仲裁协议；案情和争议要点；申请人的请求及所依据的事实和理由；如申请仲裁时已委托了代理的，则应提交授权委托书，委托书应写明代理人的权限及期限。

(3) 证据清单及相应证据。证据清单载明相应证件内容、证明目的、页数等。

(4) 申请人身份证明文件，如果是企业，需要提供营业执照、法定代表人证明、授权委托书等）。

3. 预缴仲裁费用

预缴仲裁费用也是申请仲裁的必须程序，申请人提交了有关材料后，仲裁机构会根据其仲裁请求金额计算出应缴的仲裁费用，申请人则必须预缴该费用，否则仲裁机构将不会受理。原则上，仲裁费用由败诉方承担；如果庭外和解或者仲裁庭和解而撤销案件的，根据具体情况退回一定的仲裁预付金。

（二）商事仲裁程序

（1）仲裁申请与受理。仲裁机构在接到申请人的仲裁后对申请材料进行审核并做出是否受理决定。

（2）仲裁庭的组成。仲裁庭可以由1名仲裁员或3名仲裁员组成。

（3）仲裁裁决。仲裁应当开庭进行，但一般不公开进行，当事人应当对自己的主张提供证据，并有权申请证据保全。仲裁庭在做出裁决前，可以先行调解。

（4）仲裁执行。当事人应该按照仲裁裁决履行相应义务。如一方不按时履行的，另一方当事人可以按照民事诉讼法的有关规定向人民法院申请强制执行。当事人提出证据证明仲裁裁决有依法应当被撤销的情形的，可以在收到裁决书之日起6个月内，向仲裁机构所在的中级人民法院提起诉讼申请撤销裁决。

【法律文本示例】

仲裁申请书

申请人：×××农贸有限公司，统一社会信用代码：×××××

××××××××××××××，住所地：×××省×××市鹿城区×××号。

法定代表人：黎某，总经理，联系电话：××××××××××。

被申请人：李某，男，××年××月××日出生，汉族，公民身份号码：××××××××××××××××××，住所地（户籍地）：×××省×××市路12号，联系电话：××××××××××。

仲裁请求：

1. 裁决被申请人交付符合质量要求的农产品；

2. 裁决被申请人支付违约金人民币×××元；

3. 裁决本案仲裁费用由被申请人承担。事实和理由：申请人与被申请人在2022年4月20日签订《农产品购买合同》一份，合同中约定……

此致

××仲裁委员会

申请人：××餐饮工贸有限公司（盖章）

××年××月××日

第四节　民事诉讼

【案例导入】

2021年4月，王某使用大型拖拉机犁地时误将李某家的耕地犁掉，致使李某5亩已种植的油菜种子翻到地表40厘米以下，种子无法破土发芽，导致李某此地块颗粒无收，造成较大的经济损失。经多次协商无果后，李某将王某起诉到当地法院。

【思考】法院会受理吗？为什么？

一、民事诉讼

诉讼，俗称打官司，在我国的诉讼制度由民事纠纷、行政诉讼、刑事诉讼构成，农民朋友淳朴、友善，常见的涉农纠纷主要以民事诉讼为主，故本节主要以民事诉讼为主展开阐述。

民事诉讼是指代表国家行使审判权的人民法院在双方当事人和其他诉讼参与人的参加下，审理民事案件的活动。1991年4月9日第七届全国人民代表大会第四次会议通过，2007年10月28日第一次修正，2012年8月31日第二次修正，2017年6月27日第三次修正，2021年12月24日的第四次修正稿自2022年1月1日起施行。

二、民事诉讼法适用的范围

根据《中华人民共和国民事诉讼法》（下称《民事诉讼法》）的规定，当事人提起诉讼必须符合下列条件：

（1）原告是与本案有直接利害关系的公民、法人和其他组织；

（2）有明确的被告；

（3）有具体的诉讼请求和事实、理由；

（4）属于人民法院受理民事诉讼的范围和受诉人民法院管辖。当事人起诉除了须具备《民事诉讼法》规定的有关条件外，还须具备以下条件：当事人没有事先或事后约定由仲裁机构裁决的协议。当事人没有就同一事实、同一诉讼标的再行向法院提起诉讼。

三、诉讼管辖

管辖是指各级人民法院之间以及同级人民法院之间受理第一审民事案件的权限和分工。

诉讼管辖分为级别管辖、地域管辖、移送管辖和指定管辖。

（一）级别管辖

级别管辖是指上下级人民法院之间受理一审案件的分工和权限。我国确定的不同级别的法院管辖一审案件的主要依据是：案件的性质、案件影响的大小、诉讼标的的金额大小等。我国实行的是

"两审终审制"。

(二) 地域管辖

地域管辖是指同一级别的法院之间受理案件的分工和权限。通常分为三类：一般地域管辖、特殊地域管辖、专属管辖。

1. 一般地域管辖

一般地域管辖又叫普通管辖，是指以当事人住所地与法院辖区的关系来确定管辖法律。我国对于普通管辖通常适用"原告就被告"原则。

2. 特殊地域管辖

相对于一般地域管辖而言，又称特别管辖或特殊管辖，是以被告住所地，诉讼标的或者引起法律关系发生、变更、消灭的法律事实所在地为标准而确定的管辖法院。

（1）因合同纠纷提起的诉讼，由被告住所地或者合同履行地人民法院管辖。

（2）因保险合同纠纷提起的诉讼，由被告住所地或者保险标的物所在地人民法院管辖。

（3）因票据纠纷提起的诉讼，由票据支付地或者被告住所地人民法院管辖。

（4）因公司设立、确认股东资格、分配利润、解散等纠纷提起的诉讼，由公司住所地人民法院管辖。

（5）因铁路、公路、水上、航空运输和联合运输合同纠纷提起的诉讼，由运输始发地、目的地或者被告住所地人民法院管辖。

（6）因侵权行为提起的诉讼，由侵权行为地或者被告住所地人民法院管辖。

（7）因铁路、公路、水上和航空事故请求损害赔偿提起的诉讼，由事故发生地或者车辆、船舶最先到达地、航空器最先降落地或者被告住所地人民法院管辖。

（8）因船舶碰撞或者其他海事损害事故请求损害赔偿提起的

诉讼，由碰撞发生地、碰撞船舶最先到达地、加害船舶被扣留地或者被告住所地人民法院管辖。

（9）因海难救助费用提起的诉讼，由救助地或者被救助船舶最先到达地人民法院管辖。

（10）因共同海损提起的诉讼，由船舶最先到达地、共同海损理算地或者航程终止地的人民法院管辖。

3. 专属管辖

专属管辖是指某一类纠纷案件的根据民事诉讼法的规定只能由指定的法院管辖。

（1）因不动产纠纷提起的诉讼，由不动产所在地人民法院管辖；

（2）因港口作业中发生纠纷提起的诉讼，由港口所在地人民法院管辖；

（3）因继承遗产纠纷提起的诉讼，由被继承人死亡时住所地或者主要遗产所在地人民法院管辖。

（三）移送管辖

移送管辖是指已经受理的案件的人民法院，因发现本法院对案件没有管辖权，而将案件移送至有管辖权的人民法院的过程。

（四）指定管辖

指定管辖是指上级人民法院依据法律的规定，指定其辖区范围内的下级法院对某一案件进行行使管辖权的过程。例如某中院指定下一级基层法院审理某件特定案件。

四、审判程序

根据《民事诉讼法》第一百二十六条规定，法院收到起诉状，经审查，认为符合起诉条件的，应当在7日内立案并通知当事人。认为不符合起诉条件的，应当在7日内裁定不予受理。原告对裁定不服的，可以提起上诉。

受理的具体流程包括：由立案对案件是否符合受理条件进行审

查，符合受理条件的发放受理通知书，并通知当事人在指定时间内完成诉讼费的缴纳。

审理前的主要准备工作如下：

1. 送达起诉状副本和提出答辩状

在立案之日起5日内将起诉状副本发送被告，被告在收到之日起15日内提出答辩状。被告提出答辩状的，人民法院应当在收到之日起5日内将答辩状副本发送原告。被告不提出答辩状的，不影响人民法院审理。

2. 告知当事人诉讼权利义务及组成合议庭

人民法院对决定受理的案件，应当在受理案件通知书和应诉通知书中向当事人告知有关的权利和义务。

普通程序的审判组织应当采用合议制。合议庭组成人员确定后，应当在3日内告知当事人。

3. 开庭审理

（1）法庭调查。法庭调查是在法庭上出示与案件有关的全部证据，对案件事实进行全面调查并由当事人进行质证的程序。

法庭调查按照下列程序进行：当事人陈述；告知证人的权利义务，证人作证，宣读未到庭的证人证言；出示书证、物证和视听资料；宣读鉴定结论；宣读勘验笔录。

（2）法庭辩论。法庭辩论是当事人及其诉讼代理人在法庭上行使辩论权，针对有争议的事实和法律问题进行辩论的程序。法庭辩论的目的，是通过当事人及其诉讼代理人的辩论，对有争议的问题逐一进行审查和核实，借此查明案件的真实情况和正确适用法律。

（3）法庭笔录。书记员应当将法庭审理的全部活动记为笔录，由审判人员和书记员签名。

法庭笔录应当当庭宣读，也可以告知当事人和其他诉讼参与人当庭或者在5日内阅读。当事人和其他诉讼参与人认为对自己的陈述记录有遗漏或者差错的，有权申请补正。如果不予补正，应当将申请记录在案。法庭笔录由当事人和其他诉讼参与人签名或者盖章。

(4) 宣判。法庭辩论终结,应当依法作出判决。根据《民事诉讼法》的规定,判决前能够调解的,还可以进行调解。调解书经双方当事人签收后,即具有法律效力。调解不成的,如调解未达成协议或者调解书送达前一方反悔的,法院应当及时判决。

原告经传票传唤,无正当理由拒不到庭的,或者未经法庭许可中途退庭的,可以按撤诉处理;被告反诉的,可以缺席判决。被告经传票传唤,无正当理由拒不到庭的,或者未经法庭许可中途退庭的,可以缺席判决。

法院一律公开宣告判决,同时必须告知当事人上诉权利、上诉期限和上诉的法院。最高人民法院的判决、裁定,以及超过上诉期没有上诉的判决、裁定,是发生法律效力的判决、裁定。

4. 裁判文书送达

判决书是在法院开庭审理完一个案件之后下达的文书。送达方式包括直接送达、公告送达、邮寄送达、电子送达、委托送达和留置送达。

五、执行程序

对发生法律效力的判决、裁定和调解书等裁判文书,一方如果拒绝履行的,另一方当事人可以向法院申请强制执行。申请执行的期限从法律文书规定履行期间的最后一日起计算法律文书规定分期履行的,从规定的每次履行期间的最后一日起计算,申请执行的期间为二年。申请执行时效的中止、中断,适用法律有关诉讼时效中止、中断的规定。

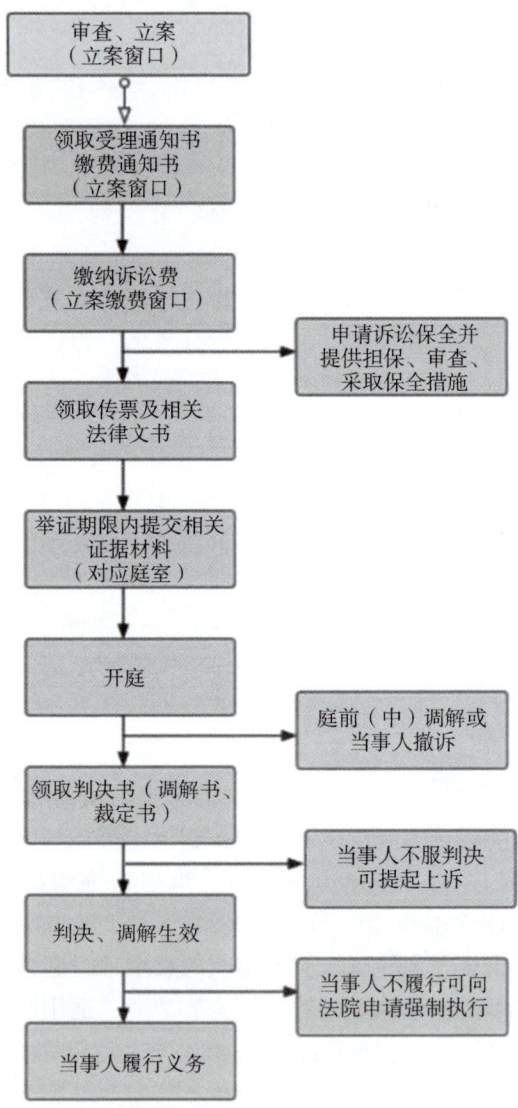

民事诉讼一审程序的一般流程

【法律文本示例】

民事起诉状

原告：×××农产品贸易有限公司，住所地江苏省扬州市×××，统一社会信用代码××××××××××××××××××。

法定代表人×××。

被告：×××牧业有限公司，住所地河北省唐山市×××，统一社会信用代码××××××××××××××××××。

法定代表人×××。

诉讼请求：

1. 判令被告返还原告支付购牛预付款×××元，并自2017年8月某日起至实际支付之日止，按中国人民银行同期贷款利率支付利息；

2. 判令被告承担本案诉讼费用。

事实与理由：

原告×××农产品贸易公司拟共同出资设立×××农牧科技有限公司。2014年12月某日，原告以正在筹建的×××农牧科技有限公司的名义与被告签订《购牛合同》，约定向被告购买优质奶牛×××头，单价为×××元/头。合同签订后，2014年12月××日原告向被告指定账户支付购牛预付款×××元，2014年12月××日被告向原告出具《预付款收据》一份。由于×××人民政府一直未能按照其与原告签订的《项目投资意向协议》向原告交付租赁土地，导致×××农牧科技有限公司无法完成注册，奶牛养殖项目也被无限期搁置。由于政府原因，原告与被告签订的《购牛合同》合同目的已无法实现，2017年8月某日，原告正式通知被告解除双方之间的《购牛合同》并希望双方对合同终止前已发生费用进行结算，经原告及中间人多次与被告沟通、协商，被告对合同解除事宜并未提出异议，但一直以计算本方费用为由，推脱结算。2018年11月，原告再次致函被告要求结算合同费用，被告仍不予答复。原告认为，购牛预付款×××元加上原告预留在被告牧场精料和草料款×××元，扣减原告实际购牛应付款×××元，并扣减被告已付精料款×××元，之后剩余购牛预付款×××元，被告应予返还。故诉至贵院，望判如所请！

此致
××××人民法院

具状人：×××农产品贸易有限公司
××年××月××日

附件 《民法典》解读

第一节 《民法典》的诞生与意义

2020年5月28日,标志着中国法治建设取得又一重大突破的日子,第十三届全国人民代表大会第三次会议郑重表决通过了《民法典》,该法典自2021年1月1日起正式施行。这部法典的编纂历程堪称波澜壮阔,自1954年启动起,历经数次修订与中断,直至2020年终于圆满完成,历时整整66年。

《民法典》是一部旨在规范平等主体间关系的法律宝典。它深度调整自然人、法人和非法人组织之间的人身关系和财产关系,为我国社会主义市场经济的健康发展提供了坚实的法律保障。

值得一提的是,《民法典》不仅是我国第一部以法典命名的法律,更是首次将"社会主义核心价值观"融入法律条文的法典。它被誉为日常生活的"社会百科全书",亮点频现,具有重要里程碑式的意义。在法律体系中,《民法典》具有基础性地位,是市场经济的基本法,对于维护社会秩序、保障人民权益具有不可替代的作用。

第二节 《民法典》的框架结构与组成

《民法典》全书共分为七编,共计1 260条。这七编依次为总则编、物权编、合同编、人格权编、婚姻家庭编、继承编、侵权责任编,以及附则。每一编都围绕着特定的法律关系和法律问题展开,共同构建了一个全面且严谨的法律体系。

在编纂过程中,《民法典》充分吸收了我国现行法律制度的精华,整合了婚姻法、继承法、民法通则、收养法、担保法、合同法、物权法、侵权责任法、民法总则九部法律。随着《民法典》的正式生效,这九部法律将同时废止,实现法律制度的统一和简化。《民法典》的颁布实施,不仅标志着我国民事法律制度体系的进一步完善,也为我国经济社会发展提供了有力的法律支撑。

第三节 《民法典》重大变化

《民法典》对比之前的九部法律,新增了 197 条,并对诸多内容进行了修改。

一、《民法典》"第一编 总则"涉及的重要变化

(一)立法目的新增"弘扬社会主义核心价值观"

《民法典》首条明确提出,立法旨在"弘扬社会主义核心价值观",彰显了法律与道德价值的紧密结合。《民法典》第一条规定:"为了保护民事主体的合法权益,调整民事关系,维护社会和经济秩序,适应中国特色社会主义发展要求,弘扬社会主义核心价值观,根据宪法,制定本法。"

(二)民法基本原则的明确和扩展

《民法典》确立了平等、自愿、公平、诚信、守法和公序良俗等民法基本原则;将绿色原则(有利于节约资源、保护生态环境)确立为民法的基本原则。

(三)规定胎儿有权利继承遗产、接受赠与等

《民法典》规定,涉及遗产继承、接受赠与等胎儿利益保护的,胎儿视为具有民事权利能力。但是,胎儿娩出时为死体的,其

民事权利能力自始不存在。

（四）明确对数据、网络虚拟财产的保护

《民法典》第一百二十七条规定："法律对数据、网络虚拟财产的保护有规定的，依照其规定。"

（五）未成年人性侵害诉讼时效的特殊规定

《民法典》第一百九十一条规定："未成年人遭受性侵害的损害赔偿请求权的诉讼时效期间，自受害人年满十八周岁之日起计算。"

（六）赔礼道歉请求权不适用诉讼时效

根据《民法典》第九百九十五条规定："人格权受到侵害的，受害人有权依照本法和其他法律的规定请求行为人承担民事责任。受害人的停止侵害、排除妨碍、消除危险、消除影响、恢复名誉、赔礼道歉请求权，不适用诉讼时效的规定。"

二、《民法典》"第二编 物权编"涉及的重要变化

（一）明确物业维修资金的筹集与使用

《民法典》第二百八十一条规定："建筑物及其附属设施的维修资金，属于业主共有。经业主共同决定，可以用于电梯、屋顶、外墙、无障碍设施等共有部分的维修、更新和改造。建筑物及其附属设施的维修资金的筹集、使用情况应当定期公布。

紧急情况下需要维修建筑物及其附属设施的，业主大会或者业主委员会可以依法申请使用建筑物及其附属设施的维修资金。"

（二）加强对建筑物业主权利的保护

《民法典》规定，业主对建设单位、物业服务企业或者其他管理人以及其他业主侵害自己合法权益的行为，有权请求其承担民事责任。

物业服务企业或者其他管理人根据业主的委托，依照《民法典》第三编有关物业服务合同的规定管理建筑区划内的建筑物及

其附属设施，接受业主的监督，并及时答复业主对物业服务情况提出的询问。

建设单位、物业服务企业或者其他管理人等利用业主的共有部分产生的收入，在扣除合理成本之后，属于业主共有。

（三）增加业主的相关行为环保要求

《民法典》第二百八十六条第一款明确规定："业主应当遵守法律法规以及管理规约，相关行为应当符合节约资源、保护生态环境的要求。对于物业服务企业或其他管理人执行政府依法实施的应急处置措施和其他管理措施，业主应当依法予以配合。"

（四）明确住宅建设用地使用权自动续期

《民法典》第三百五十九条规定："住宅建设用地使用权期限届满的，自动续期。续期费用的缴纳或者减免，依照法律、行政法规的规定办理。

非住宅建设用地使用权期限届满后的续期，依照法律规定办理。该土地上的房屋以及其他不动产的归属，有约定的，按照约定；没有约定或者约定不明确的，依照法律、行政法规的规定办理。"

（五）增加规定居住权

《民法典》明确规定，居住权原则上无偿设立，居住权人有权按照合同约定或者遗嘱，经登记占有、使用他人的住宅，以满足其稳定的生活居住需要。

三、《民法典》"第三编 合同"涉及的重要变化

（一）完善电子合同订立规则，增加了预约合同的具体规定

《民法典》第五百一十二条详细规定了电子合同的订立和交付时间，特别指出当通过互联网等信息网络订立商品交付类电子合同时，收货人的签收时间即为交付时间；服务类电子合同则以电子

凭证或实物凭证载明的时间为准。若凭证时间与实际服务时间不符，则以实际服务时间为准。同时，允许合同当事人对交付方式、时间进行特别约定。

《民法典》第四百九十五条则对预约合同进行了明确，包括认购书、订购书、预订书等，若一方不履行预约合同约定的订立合同义务，对方有权要求其承担违约责任。

（二）完善国家订货合同制度

《民法典》第四百九十四条规定，在抢险救灾、疫情防控等紧急情况下，国家下达的订货任务和指令性计划，相关民事主体需依法订立合同，确保公共利益得到及时有效的保障。

（三）引入情势变更制度

《民法典》新增了情势变更制度，明确当合同基础条件发生无法预见的重大变化，且继续履行对一方明显不公平时，受影响的当事人可与对方重新协商；协商不成时，可请求法院或仲裁机构变更或解除合同。

（四）物业服务合同与费用催缴规范

《民法典》第九百四十四条详细规定了物业服务合同及费用催缴的相关事宜，明确指出物业服务人不得采取停止供电、供水等方式催交物业费，保障业主的合法权益。

（五）禁止高利放贷与利率规定

《民法典》第六百八十条明确规定禁止高利放贷，并规定借款利率不得违反国家有关规定，确保金融市场的健康稳定发展。

（六）客运合同与乘客行为规范

《民法典》对客运合同中的"旅客霸座""抢方向盘"等问题作出明确回应，要求旅客按有效客票信息乘坐，确保运输安全和秩序。

（七）增加助残与不可撤销的赠与

《民法典》在不可撤销的赠与情形中新增了"助残"，明确具有公益、道德义务性质的赠与合同，如救灾、扶贫、助残等，不得撤销，彰显了对弱势群体的关爱与保护。

四、《民法典》"第四编 人格权"涉及的重要变化

（一）对"性骚扰"进行了规定

《民法典》第一千零一十条规定："违背他人意愿，以言语、文字、图像、肢体行为等方式对他人实施性骚扰的，受害人有权依法请求行为人承担民事责任。

机关、企业、学校等单位应当采取合理的预防、受理投诉、调查处置等措施，防止和制止利用职权、从属关系等实施性骚扰。"

（二）规定了对死者人格利益的保护

《民法典》第九百九十四条规定："死者的姓名、肖像、名誉、荣誉、隐私、遗体等受到侵害的，其配偶、子女、父母有权依法请求行为人承担民事责任；死者没有配偶、子女且父母已经死亡的，其他近亲属有权依法请求行为人承担民事责任。"

（三）自然人声音的保护参照肖像权

《民法典》第一千零二十三条规定："对姓名等的许可使用，参照适用肖像许可使用的有关规定。对自然人声音的保护，参照适用肖像权保护的有关规定。"

（四）明确隐私权和个人信息保护权

（1）规定了隐私的定义，列明禁止侵害他人隐私权的具体行为，即隐私是自然人的私人生活安宁和不愿为他人知晓的私密空间、私密活动、私密信息。

（2）界定了个人信息的定义，其中包括自然人的姓名、出生日期、身份证件号码、生物识别信息、住址、电话号码、电子邮

箱、行踪信息等。

（3）规定国家机关、承担行政职能的法定机构及其工作人员负有保护自然人的隐私和个人信息的义务。

（4）收集使用未成年人等个人信息应征得监护人同意。

五、《民法典》"第五编 婚姻家庭"涉及的重要变化

（一）强调"家庭美德与文明建设"

《民法典》第一千零四十三条规定："家庭应当树立优良家风，弘扬家庭美德，重视家庭文明建设。

夫妻应当互相忠实，互相尊重，互相关爱；家庭成员应当敬老爱幼，互相帮助，维护平等、和睦、文明的婚姻家庭关系。"

（二）界定"亲属""近亲属""家庭成员"的范围

《民法典》第一千零四十五条规定："亲属包括配偶、血亲和姻亲。

配偶、父母、子女、兄弟姐妹、祖父母、外祖父母、孙子女、外孙子女为近亲属。

配偶、父母、子女和其他共同生活的近亲属为家庭成员。"

（三）增加规定最有利于被收养人原则

《民法典》第一千零四十四条规定："收养应当遵循最有利于被收养人的原则，保障被收养人和收养人的合法权益。

禁止借收养名义买卖未成年人。"

（四）不再将"患有医学上认为不应当结婚的疾病"作为禁止结婚的情形

《民法典》第一千零五十三条规定："一方患有重大疾病的，应当在结婚登记前如实告知另一方；不如实告知的，另一方可以向人民法院请求撤销婚姻。

请求撤销婚姻的，应当自知道或者应当知道撤销事由之日起一年内提出。"

(五) 增设夫妻家事代理权

《民法典》第一千零六十条规定:"夫妻一方因家庭日常生活需要而实施的民事法律行为,对夫妻双方发生效力,但是夫妻一方与相对人另有约定的除外。

夫妻之间对一方可以实施的民事法律行为范围的限制,不得对抗善意相对人。"

(六) 增加登记离婚三十日冷静期规定

《民法典》第一千零七十七条规定:"自婚姻登记机关收到离婚登记申请之日起三十日内,任何一方不愿意离婚的,可以向婚姻登记机关撤回离婚登记申请。

前款规定期限届满后三十日内,双方应当亲自到婚姻登记机关申请发给离婚证;未申请的,视为撤回离婚登记申请。"

(七) 离婚财产分割增加照顾无过错方原则

《民法典》第一千零八十七条规定:"离婚时,夫妻的共同财产由双方协议处理;协议不成的,由人民法院根据财产的具体情况,按照照顾子女、女方和无过错方权益的原则判决。

对夫或者妻在家庭土地承包经营中享有的权益等,应当依法予以保护。"

六、《民法典》"第六编 继承"涉及的重要变化

(一) 完善代位继承制度

《民法典》第一千一百二十八条规定:"被继承人的子女先于被继承人死亡的,由被继承人的子女的直系晚辈血亲代位继承。

被继承人的兄弟姐妹先于被继承人死亡的,由被继承人的兄弟姐妹的子女代位继承。

代位继承人一般只能继承被代位继承人有权继承的遗产份额。"

（二）增加遗嘱新形式

《民法典》第一千一百三十六条规定："打印遗嘱应当有两个以上见证人在场见证。遗嘱人和见证人应当在遗嘱每一页签名，注明年、月、日。"

（三）修改遗嘱效力规则

《民法典》第一千一百三十九条规定："公证遗嘱由遗嘱人经公证机构办理。"删除了以前继承法关于公证遗嘱效力优先的规定，切实尊重遗嘱人的真实意愿。

（四）增加遗产管理人制度

《民法典》第一千一百四十五条规定："继承开始后，遗嘱执行人为遗产管理人；没有遗嘱执行人的，继承人应当及时推选遗产管理人；继承人未推选的，由继承人共同担任遗产管理人；没有继承人或者继承人均放弃继承的，由被继承人生前住所地的民政部门或者村民委员会担任遗产管理人。"

（五）完善遗赠扶养协议制度

《民法典》第一千一百五十八条规定："自然人可以与继承人以外的组织或者个人签订遗赠扶养协议。按照协议，该组织或者个人承担该自然人生养死葬的义务，享有受遗赠的权利。"

七、《民法典》"第七编 侵权责任"涉及的重要变化

（一）确立"自甘风险"规则

《民法典》规定，自愿参加具有一定风险的文体活动，因其他参加者的行为受到损害的，受害人不得请求没有故意或者重大过失的其他参加者承担侵权责任。

（二）规定"自助行为"制度

《民法典》第一千一百七十七条规定："合法权益受到侵害，情况紧迫且不能及时获得国家机关保护，不立即采取措施将使其合

法权益受到难以弥补的损害的，受害人可以在保护自己合法权益的必要范围内采取扣留侵权人的财物等合理措施；但是，应当立即请求有关国家机关处理。

受害人采取的措施不当造成他人损害的，应当承担侵权责任。"

(三) 明确"营养费""住院伙食补助费"列为人身损害赔偿项目

《民法典》第一千一百七十九条规定："侵害他人造成人身损害的，应当赔偿医疗费、护理费、交通费、营养费、住院伙食补助费等为治疗和康复支出的合理费用，以及因误工减少的收入。造成残疾的，还应当赔偿辅助器具费和残疾赔偿金；造成死亡的，还应当赔偿丧葬费和死亡赔偿金。"

(四) 增加规定委托监护的侵权责任

《民法典》第一千一百八十九条规定："无民事行为能力人、限制民事行为能力人造成他人损害，监护人将监护职责委托给他人的，监护人应当承担侵权责任；受托人有过错的，承担相应的责任。"

(五) 完善生态环境损害责任

《民法典》第一千二百三十二条规定："侵权人违反法律规定故意污染环境、破坏生态造成严重后果的，被侵权人有权请求相应的惩罚性赔偿。"

(六) 网络用户和网络服务提供者侵权责任

《民法典》第一千一百九十五条规定："网络用户利用网络服务实施侵权行为的，权利人有权通知网络服务提供者采取删除、屏蔽、断开链接等必要措施。通知应当包括构成侵权的初步证据及权利人的真实身份信息。

网络服务提供者接到通知后，应当及时将该通知转送相关网络用户，并根据构成侵权的初步证据和服务类型采取必要措施；未及时采取必要措施的，对损害的扩大部分与该网络用户承担连带责任。

权利人因错误通知造成网络用户或者网络服务提供者损害的，应当承担侵权责任。法律另有规定的，依照其规定。"

（七）明确公共场所安全保障义务人责任

《民法典》第一千一百九十八条规定："宾馆、商场、银行、车站、机场、体育场馆、娱乐场所等经营场所、公共场所的经营者、管理者或者群众性活动的组织者，未尽到安全保障义务，造成他人损害的，应当承担侵权责任。

因第三人的行为造成他人损害的，由第三人承担侵权责任；经营者、管理者或者组织者未尽到安全保障义务的，承担相应的补充责任。经营者、管理者或者组织者承担补充责任后，可以向第三人追偿。"

参考文献

房绍坤，2021. 民法［M］. 6 版. 北京：中国人民大学出版社.
高铭暄，马克昌，2022. 刑法学［M］. 10 版. 北京：北京大学出版社.
李明，2016. 新农村实用法律案例分析［M］. 北京：清华大学出版社.